带你感受文化的、自由的、承前启

我在台湾教语文

阅读不偏食

杨晓菁◎著

台海出版社

图书在版编目（CIP）数据

阅读不偏食 / 杨晓菁著. — 北京 ：台海出版社，2015.1（2019.3重印）
（我在台湾教语文 / 赵涛，李金水主编）
ISBN 978-7-5168-0562-6

Ⅰ．①阅… Ⅱ．①杨… Ⅲ．①阅读课－中小学－
课外读物 Ⅳ．①G634.333

中国版本图书馆CIP数据核字（2015）第015994号

著作权合同登记号：图字：01－2014－6709

本书为（台湾）五南图书出版股份有限公司 授权 北京兴盛乐书刊发行有限责任公司 在中国大陆出版发行简体字版本

阅读不偏食

著 者：杨晓菁	
责任编辑：王 品	装帧设计：尚世视觉
版式设计：刘丽娟	责任印制：蔡 旭

出版发行：台海出版社
地 址：北京市东城区景山东街20号， 邮政编码：100009
电 话： 010－64041652（发行，邮购）
传 真： 010－84045799（总编室）
网 址： www.taimeng.org.cn/thcbs/default.htm
E-mail： thcbs@126.com
经 销：全国各地新华书店
印 刷：保定市西城胶印有限公司
本书如有破损、缺页、装订错误，请与本社联系调换

开 本：150×210 1/32	
字 数：90千字	印 张：5.75
版 次：2015年5月第1版	印 次：2019年3月第6次印刷
书 号： ISBN 978-7-5168-0562-6	
定 价：29.80元	

推荐序

阅读是源头活水

《宋·朱熹·观书有感》："半亩方塘一鉴开，天光云影共徘徊。问渠那得清如许？为有源头活水来。"阅读就像一把开启源头活水的钥匙，它不仅能增长智慧，又能使生命丰富多彩。曾有人问科学家牛顿为何能发现那么多天地间的奥秘，他说："因为我站在巨人的肩膀上，所以看的比别人更多更远。"所以咀嚼前人的智慧结晶，领略智者的妙言巧思，是快速积累自己知识的不二法门。

阅读是人生享受

张晓风女士说："最精致、最恣意的聊天，应该是读书了。或清茶一盏邀来庄子，或花间置酒单挑李白。如果嫌古人渺远，则不妨与辛稼轩、曹雪芹同其歌哭；如果你向往更相近的声音，便不妨拉住梁启超或胡适之来聒絮一番；如果你握一本《生活的艺术》，林语堂便是你谈笑风生的韵友；而执一卷《白玉苦瓜》，足以使余光中不能不向你披肝沥胆。尤其伟大的是，你可以指定梁实秋教授做传译而与莎翁聊天。"这样的乐趣如果你尚未经历，或许是因为你尚未发现它的魅力。有所为而为的阅读，或是带有目的的读书心态，最终只会让我们感到厌烦。如果我们能将制式化的"教科书"所带给我们的藩篱撤除，用一种气定神闲的态度与作者促膝长谈，相信会更明白它的吸引力。

广泛阅读可使我们出口成章、写作时援笔立就。宋代黄庭坚曾清楚说明："三日不读书，便觉面目可憎，言语无味。"这句话的重点不在于几日不读书，而是失去读书兴致的人，会让人觉得无趣，试想胸无点墨、言谈无味，谁会想和他往来呢？杜甫也用"腹有诗书气自华"来勉人养成阅读习惯。良好的阅读习惯是写好文章最重要的因素，杜甫之所以能"下笔如有神"，就是建构在他曾"读书破万卷"的基础上啊！

晓菁老师终日优游书海，故文笔特佳，气质出众。她精选高中生必读文章30篇，其中内容涉及科普、环保、哲学、历史等各类型问题，就如同书名"阅读不偏食"一样，包罗万象，在多角度的阅读之中，不只充实了知识，更提高了阅读的兴味。难能可贵的是，晓菁老师透过"这样读，好轻松"的版块对文章重点的摘录及表格分析，使读者能方便快速地掌握文章的肌理脉胳；又在"难点"中对文章中所涉及的相关学科知识进行深入浅出的解说，引导读者精确掌握文意，更有助于读者解题时做出正确的判断。在经过归纳、分析、引导，充分掌握理解文意之后，晓菁老师也不忘为读者找来历届指考、学测题目，让读者在"思考"的环节中得以验收阅读成果。所以此书的内容不只能满足读者多角度的阅读视野，提升读者的阅读兴趣，也能使读者熟悉文章的结构及分析方式，相信不只增长读者的阅读理解能力，也精进读者的解题技巧。所以本书实在是一本生动活泼而不乏味，兼具理论及实用的好书，本人乐于向大家推荐。

台北教育大学语文与创作学系

孙剑秋教授　谨荐

2013.04.01

自　序

　　"阅读"是近几年来极为热门的讨论议题，加以几个世界级大规模阅读评量的实施，如：PIRLS（Progress in International Reading Literacy Study），主要测试世界各国小学四年级学童的阅读能力；PISA（the Programme for International Student Assessment），是OECD国际组织发展出的一套评量，用以评估各国十五岁学生的阅读素养、科学素养、数学素养。凡此种种，都让阅读成了许多人津津乐道的话语。于是，阅读的意义及内涵、如何阅读、如何教阅读、如何推广阅读便成了一种集体认知及公众活动。

　　"阅读"其实是一个统整性概念的总称，它不单单指称读书、看书的能力与习惯，应该还要包含解读、思考、判断、鉴赏等能力。因为透过阅读能建构出个人的知识体系、思想架构、思考模式等等，我们可以说透过阅读促进思考，通过思考而迸发创意。所以，"阅读"这样的行为模式可以扩展成一种能力的表现——"阅读力"。

关于"阅读"，不少人会有这样的困惑与质疑，阅读是属于非常个人的认知理解过程，能够透过学习而培养吗？能够经由指导而改变吗？阅读有策略及方法吗？要回答上述的问题，首先，我们要知悉，即使有两个读者在同一时间之内读同一文章，他们也不会产生完全相同的理解；此外，任何一位读者从文章中所获得的意义也不会和作者的原意完全一致（节录改写自：洪月女翻译／Ken Goodman原著《谈阅读》一书）。作者的思想及意念透过文本传递给读者，于是形成一次作者→文本←读者的连结过程。但是，人的思想是一个繁复的系统，它不是单一的线性连续历程。所以，即使是一位精密的阅读高手也不尽然能百分之百领略作者的创作意念。因此，阅读的指导或学习不是要教导出读者完全相似的单一理解模式，而是透过策略、方法的运用让阅读来提升个人的多元能力。于是，我们这样看待：把文本或书籍视为一种媒介、一条路径，透过这样的媒介路径，引领读者习得可以运用且带得走的能力。

但是，知识浩瀚如海，资讯亦是日新月异，不同领域的文本五花八门，出版的速度亦是惊人。不同领域面向的文本在书写模式上不尽相同，文学、科学、历史的语言惯性便有着差异。因此，本书的撰写目的便是希望引领读者在阅读时能有一把万用钥匙，得以自在地出入书籍文字之间。

本书内容原是连载于《联合报》教育版的专栏，主要写作目标以品赏、分析大学入学考试的文章内容为主。今日集结成书，在内容上多有增益，而且为考虑阅读的质与量的提升，遂将此书分成三大章。第一章是古典诗词主题化的鉴赏与思辨，笔者企图以穿越时空、通贯古今的主题与材料，丰沛阅读视野及提升阅读质量；第二章是经典古籍赏读、文学名家介绍，兼具知识性与趣味性；第三章则是多面向的现代语文选读，包含科普、环保、经济、历史、文学等。

阅读是一次内容丰富的旅行，每个读者可以任凭个人的喜好与品味规划属于自己的海天游踪。团体旅行是跟随着导游的眼睛及脚步综览世界，自助行则全凭读者的想法踏上旅途。无论是何种旅行的方式，导引及提点是旅途中必备的指南。阅读旅程中的策略便如同旅游指南一样，是提供读者优游涵泳于浩瀚书海中的必需品。接着，邀请您一起共同品尝、咀嚼阅读的满汉全席！

目　录

第三章　怎样阅读现代文

第一章
怎样阅读古诗词

　　此集五回以介绍古典诗文为主。中国古典诗词的韵味及美妙，想必大家都知晓，也能朗朗上口吟诵几句。但在这许多优美诗词的背后有着怎样的故事呢？还有，这样精致的写作结构模式，呈现出作者什么样的思想脉络呢？这些细节及趣味都值得我们好好抽丝剥茧、梳理归纳。

第1道美味大餐
古人这样拜码头——干谒诗

唐代士子流行在科举考试之前，先以所作诗文投献给达官显要过目品评，以博取个人名声，这种行径称为"温卷"。所谓"温卷"其实就是一种干谒①的行为，以现代语言来说类似透过"攀关系"、"走后门"来自我推销。现代人攀拉关系都尽量低调，不让人知晓，但是唐人"温卷"却是种堂而皇之的风尚。

"品尝"好文章

一、白居易《赋得古原草送别》

> 离离原上草，一岁一枯荣。
> 野火烧不尽，春风吹又生。
> 远芳侵古道，晴翠接荒城。
> 又送王孙去，萋萋满别情。

◉ 这样读，好轻松

这首家喻户晓的《赋得古原草送别》便是一首中唐诗人

---

① 干谒：干，求取。谒，音yè，晋见。

白居易的温卷诗。"野火烧不尽，春风吹又生"是许多人耳熟能详的名句，它是白居易在十六七岁时所作。当时，白居易到长安城投石问路，准备开展自己的仕途生涯，于是将一首名为《赋得古原草送别》的诗投给当时的名人顾况评赏。顾况平常已经惯见许多前来温卷干谒的士子，所以，刚开始并没有对白居易的作品留意。顾况只是稍微看了一眼卷首的署名"白居易"，便笑笑道："长安米价方贵，居大不易！"，拿白居易的名字开玩笑。几日后，得闲，顾况有空细索这首诗，一读之下，大为赞叹，说道："有诗如此，居天下何难，何况长安居？前之言戏耳。"顾况为自己竟然没能识得人才而改口，于是四处称道白居易，使他声名大噪。这首诗在写作上极具巧思，每一诗句都扣紧"草"这个主题发挥推展，请看诗中套色字体处，无一不是围绕"原上草"而衍义者。

但是并非所有干谒作品都如此顺利将作者推上青云，如：孟浩然的《望洞庭湖赠张丞相》便是扼腕之作：

二、孟浩然《望洞庭湖赠张丞相》

八月湖水平，涵虚混太清①。

---

① 太清：天空。

气蒸云梦泽，波撼岳阳城。

欲济无舟楫，端居耻圣明。

坐观垂钓者，徒有羡鱼情。

◉ 这样读，好轻松

上述作品也是首干谒诗，孟浩然约四十岁时前往长安游历，造访故人，顺道写下这首诗投谒给当时任相的张九龄，期待获得赏识，岂料事与愿违，失意而归。

诗的前四句写洞庭湖风光，境界广阔，气势非凡，特别是"气蒸云梦泽，波撼岳阳城"一联，历来被人视为与杜甫的"吴楚东南坼，乾坤日夜浮"齐名，同为描写洞庭湖的名句。后四句，借着景色进而说理设喻，表达他个人心志想法，"欲济无舟楫"，字面是说想要横过洞庭湖却没有渡船，实际是表达自己想进入仕途官场却无人牵引，所以才会"端居耻圣明"，在圣明昌平之世竟闲居在家，无法为国尽力，实在令人羞耻，表达了其内心想要有所作为的意愿。"坐观垂钓者，徒有羡鱼情"两句更用"鱼"和"垂钓者"来设譬喻，"垂钓者"指当政者，"羡鱼情"有两种诠释：其一是指羡慕鱼儿能被钓者钓上岸，期许自己亦能被重用；其二是运用"临渊羡鱼，不如退而结网"的寓意，期勉自己该积极具体地努力往仕途迈去。

关于孟浩然还有个传说：孟浩然和王维私交甚为笃厚，传说王维曾私自邀请他入内署，适逢玄宗至，浩然惊慌之际逃避床下。王维不敢隐瞒，据实禀奏，孟浩然自得出来面见皇上。后来，浩然自诵他的诗句，至"不才明主弃"一句时，玄宗脸色不悦，说："卿不求仕，而朕未尝弃卿，奈何诬我！"孟浩然谦虚地说自己没有什么才能，因此未能被英明圣主所重用，但玄宗以为这是孟浩然在讽刺他没有识才之明。孟浩然几番与仕途失之交臂，这是最近一次与玄宗近身的机会，也被错失了。

除了上述作品之外，也有相互往来示意的干谒之作，如朱庆馀的《闺意献张水部》①和张籍的《酬朱庆馀》这两首诗。

三、朱庆馀《闺意献张水部》

洞房昨夜停红烛，待晓堂前拜舅姑②。
妆罢低声问夫婿，画眉深浅入时无？

---

① 《闺意献张水部》：又称《近试上张水部》。
② 舅姑：公婆。

◎ **这样读，好轻松**

张水部即张籍，他喜爱文学且又乐于奖掖后进。朱庆馀日常已投了不少诗文于他，并已获得赏识。而此诗是临近科考之时，朱庆馀再度探问其作品之程度如何？能不能受考官的青睐呢？诗中作者以新嫁娘自我比拟，以夫婿比张籍，并以公婆比喻考官。当时的习俗，新嫁娘在婚礼次日清晨必须梳妆完毕以拜见公婆。此诗利用这个礼俗活动委婉刻画了新嫁娘即朱庆馀自身含羞、期待而又迟疑的心境，可谓惟妙惟肖，极为传神生动。尤其"入时无"三字更是全诗的重点，语带双关，朱庆馀试探性地询问自己的作品符不符合当时科考的潮流趋势呢？后来，张籍特别作了答诗以回应：

四、张籍《酬朱庆馀》

越女新妆出镜心，自知明艳更沉吟。
齐纨未足时人贵，一曲菱歌敌万金。

◎ **这样读，好轻松**

诗中以越女比喻朱庆馀，越女美貌动人，新妆完毕后，揽镜自照，自知明媚艳丽，低自沉吟。虽然有许多其他姑娘较劲，身上穿着的是齐地①出产的华丽丝绸所制成的衣裳，可是那并不值得看重。相反，这位越地采菱姑娘的声喉清亮，一曲歌谣足以抵得上万金之酬。张籍的回复告诉了朱庆馀："你的作品很好，无须挂心，旁人作品不及你。"也间接回答了朱庆馀探问的"入时无？"

这一来一往的两首诗作含蓄婉转，其实，"含蓄委婉"正是好的干谒诗的必备条件之一。朱庆馀以新嫁娘的娇羞询问统摄全诗；张籍则以越女的明艳低吟含蓄以对，两者都以女性角度来设立譬喻，进行代言，绾合衔接极为得宜，堪称是干谒诗中的代表作。

---

① 齐地：今山东省。

第2道美味大餐
各弹各的调——同主题、同曲调，不同工法

中国韵文谱系中，除却诗、词之外，元曲在意境、风格上也是别具特色。本回要介绍两首元曲，元曲和宋词一样，都必须依照一定的牌令格律来填词，此格律调式就是所谓的"曲牌"。每支曲牌唱腔的曲调，都有自己的曲式、调式和调性，以及风格情趣。

此回两首元曲的曲牌同为"天净沙"，是故，两首曲子在格律、谱式上必须相同。我们检视两者时发现，它们在句式、韵脚、押韵位置上相同，便可以得知同一曲牌的意义及效用。以下分别赏析各曲子的内蕴及情味。

"品"尝好文章

一、马致远《天净沙·秋思》

枯藤老树昏鸦，
小桥流水人家，
古道西风瘦马。
夕阳西下，断肠人在天涯。

◉ 这样读，好轻松

　　本曲中的主角是个浪迹天涯的旅人。前三句的布局安排及词语结构极为精妙，用九个名词堆叠出羁旅行人眼中所见的秋景，这九种景物，可就三个一组，三组层次来看。第一层次"枯藤老树昏鸦"纯然就视觉来描写，是属于近距离的视角。其中，作者着意安排的形容词"枯、老、昏"三字呈现了秋天萧条、凋落的景象，且诚如王国维所言："一切景语皆情语"，这些场景透过形容词的刻画也隐隐寄寓了旅人孤寂的心境。接着，第二层次的"小桥流水人家"给游子带来一点情味，有人物、有动态。尤其"人家"一词似乎给了羁途中的旅人一点希望，为上一层次的萧瑟秋景添上一笔温暖，对于长期天涯飘泊的旅人而言，"家"是心中最深的想望。最后一层次的叙述视角回到旅人身上及其所处的场域，"西风"点明秋季，"古道、瘦马"更是传神，何以用"瘦"形容马呢？是否因为旅途的困顿颠簸使马"瘦"了呢？如果马瘦，那么马匹上的旅人是否也更消瘦了？这三组名词中完全没有出现任何人物，但是每一层次的景物处处都在诉说旅人的心绪及情感愁思。看似平常的语言，但包容极大，张力极强，十足地展现了文字凝练的密度。

末尾两句，作者仍以客观平实的笔调叙述。"夕阳西下"，是一幅让人伤感的图像，古典文学中惯以夕阳象征美好即将消逝的唏嘘嗟叹，此处如此使用当具有强烈的暗示性。夕阳西下，倦鸟归巢，人们返家，但是旅人呢？日暮时分，家在哪里呢？作者仅是浅浅淡淡地说"断肠人在天涯"，"断肠"说明旅人的心境，"天涯"暗示飘泊无所依的旅人处境。整首曲子的主旨及情感在此流泻而出。

全曲以有限的字句，写出深秋的萧瑟，悲秋的情调及旅人的哀愁。全曲没有任何一个直接描摹情感、宣泄情感的字眼，但是，情感及心绪的抒发却无处不在；全曲不直接写人，只有最后一句点出断肠人，然而，每个画面无不绾合着断肠人所见之景与心境。王国维在《人间词话》中曾赞誉此曲："寥寥数语，深得唐人绝句妙境，有元一代词家，皆不能办此也。"

二、白朴《天净沙·秋》

孤村落日残霞，
轻烟老树寒鸦，
一点飞鸿影下。
青山绿水，白草红叶黄花。

◉ 这样读，好轻松

白朴也写了一首《天净沙》，他一开始一连描摹了六种秋天的景物，并以"孤、落、残、轻、老、寒"等形容词的运用，呈现出萧瑟、孤寂、冷凝的深秋景象。可是，作者在平缓的静态景象中，忽然急转弯地来了一句"一点飞鸿影下"，有只飞翔中的鸿鸟影子自空中而降，点洒在眼前，让静景之中增添了动态的活泼之感。原本落寞凋零的秋景不再只有萧瑟一种味道，它也可以是属于秋收的丰满、圆润、祥和。因此，作者最后再以"青山、绿水，白草、红叶、黄花"作为结束，"青、绿、红、白、黄"这五种缤纷的色彩，将秋天点缀得极为热闹而纷呈。

这首《天净沙》的写作一反古来"悲秋"的感伤传统，而予人另一番属于秋天的丰富情味。虽然前面六个名词的堆叠在形容词上给人萧瑟之感，但是白朴在第三句开始将情调转换，呈现的是赏心悦目、韵味无穷的场面。

同样是黄昏时刻、夕阳西下的场景，但是作者的心境不同，所创作的曲子在韵味与意境上也就不同了。两者各自想表现的主旨不同，各有擅长，值得细细咀嚼。

我们不妨以表格对列的方式看看这两首《天净沙》中同异之处。

	马致远	白 朴
题目	秋思	秋
韵脚	鸦、家、马、涯	霞、鸦、下、花
主旨风格	着重于旅人心理层面的描写，借秋天萧寂、苍凉的景象以衬托旅人孤独寂寞的心境，韵味深刻。	侧重于大自然秋天景象的描摹，但一反"悲秋"传统，以呈现秋天的丰富纷呈为主。秋季万物的形貌在白朴笔下显得精巧可喜，别具情味。

◉ 思考

1. 以下两首诗所描述的主题相近似，但是在主旨及风格上是否相同呢？请加以判断。阅读下列甲、乙二诗，选出叙述正确的选项：

甲、三月正当三十日，风光别我苦吟身。
　　共君今夜不须睡，未到晓钟犹是春。
　　　　　　　　（贾岛《三月晦日赠刘评事》）

乙、节物相催各自新，痴心儿女挽留春。
　　芳菲歇去何须恨？夏木阴阴正可人。
　　　　　　　　（秦观《三月晦日偶题》）

（A）二诗均藉由描写景物的变化，具体呈现季节的交替、转换。

（B）二诗均藉由自己和他人态度的差异，深化面对春尽的感伤。

（C）甲诗以"犹是春"表示只要心中有春，即令春去亦无须伤感。

（D）乙诗以"何须恨"表示四季各有其美，当豁达迎接夏天到来。

（台湾地区2009年大学学测试题）

参考答案

1. D

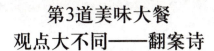

第3道美味大餐
观点大不同——翻案诗

　　所谓"翻案"是指对于已定的历史结果或前人对事物的定论评价，提出相异的见解。前人的定论、观点不一定是正确无误的，后继者对于这些看法有赞同、有反对。于是，透过诗文以表达个人论点。例如：欧阳修的《纵囚论》一文是针对唐太宗于贞观年间，将已判定死刑的犯人三百余人纵放回家叙旧，然后约定一个日期，要求他们回来接受死刑执行。结果，到了约定日期时，全部的死刑犯，都如期守诺地回来就死。最后唐太宗深为这些死囚讲究信义而感动，便赦免他们的死罪。

　　欧阳修认为，这样的情况是"上下交相贼①"。也就是说死刑犯们猜测到了唐太宗的心意，以为如果自己能够如期回来，一定可以获得赦免；而太宗也盘算着我放你们回去，你们必定因感念恩泽或是有所他图而回来。欧阳修以为这场纵囚的行径根本不是因为唐太宗德政远播，感动死囚所致，而是唐太

---

① 上下交相贼：在上位者与居下之人彼此互相揣摩对方的心意。

宗充满算计的沽名钓誉之举。

欧阳修的想法与历来史家每多称赞唐太宗是个明君，高度溢美贞观之治的普遍观点相异。这样的文章便属于"翻案作品"。

此回，我们要来看看两首翻案诗，它们讲述同一个人物"项羽"，却展现两种不同的观点，各有胜场。

"品尝"好文章

一、杜牧《题乌江亭①》

胜败兵家事不期，包羞忍耻是男儿。
江东子弟多才俊，卷土重来未可知。

◎ 这样读，好轻松

杜牧担任池州刺史时，经过乌江亭，想起当年项羽的史事，便写下这首诗。

首句指出胜败乃兵家常事，暗示着面对胜败时的态度是

---

① 乌江亭：在今安徽和县东北的乌江浦。《史记·项羽本纪》载：项羽兵败，乌江亭长备好船劝他渡江回江东再图发展，他觉得无颜见江东父老，遂自刎于江边。

日后一切发展的关键，强调只有包羞忍耻才是真正的男儿。项羽遇到挫折便灰心丧志，自刎了结，怎能算是真正男儿呢？项羽遇到刘邦追兵，落得困窘境界，自己说有愧于当年对他寄予厚望的诸多家乡父老，此话固然表现出气节，但也显得刚愎不知变通。如果他愿意接纳忠言，忍辱负重，再整旗鼓，胜负或许未可知。最末句"卷土重来未可知"寓含有积极的意义。

杜牧对于项羽或有惋惜嗟叹之意，认为他被自己那放不下的骄傲身段毁了东山再起的机会，但是杜牧在诗末还是以积极态度来面对这样的史事。

清代诗人赵翼曾经这样赞许过杜牧的翻案作品"诗家欲变故为新，只为词华最忌陈。杜牧好翻前代案，岂知自出句惊人。"他的意思是说杜诗不做陈语而能够变古为新，自铸新词。

二、王安石《乌江亭》

百战疲劳壮士衰，中原一战势难回。
江东子弟今虽在，肯为君王卷土来？

◉ 这样读，好轻松

此诗是王安石读了杜牧的《题乌江亭》之后，提出异样观点而写成的。

此诗所写的背景是楚汉战争，项羽的军士们历经百战，身心已十分疲劳，显然对战争已感到厌倦。尤其是垓下之围，项羽兵败，军心涣散，元气大伤，从此一蹶不振，无力回天，而后乌江自刎。项羽失败的因素固然很多，但最根本的就是他刚愎自用，一意孤行。但令人愤慨的是，他对自己的缺失临死仍不悟，只说了句："天亡我也，非战之罪。"循此，本诗第三、四句进一步深入剖析，王安石以为即使项羽真的能重返江东，但是江东子弟还肯为他继续卖力吗？"卷土重来"实在是难以预料的景况啊！王安石诗中"江东子弟今虽在，肯为君王卷土来？"这两句完全是针对杜牧诗中的"江东子弟多才俊，卷土重来未可知"一联进行翻案，两者的句式极为相似，但在意义上南辕北辙。

杜牧的《题乌江亭》，流露诗人对历史人物的凭吊，有嗟叹、不舍，但诗末转有积极乐观之意；王安石的《乌江亭》，则是警世的理性阐析，希望后人能以此为警惕。前者动情，后者启思。

第4道美味大餐
诗人闲话孤独

喜、怒、哀、乐、爱、欲、憎是人类惯有的情感趋向，古人自不例外。我们所阅读的古典文学作品中，不乏呈现作者个人思想感情的。尤其在诗、词、曲、赋这样的韵文中，因为体裁格律的关系，是非常适合表情达意、抒发心志的。

此次，我们要来阅读的是两首脍炙人口的经典唐诗，柳宗元的《江雪》及李白的《月下独酌》。

"品尝"好文章

一、柳宗元《江雪》

千山鸟飞绝，万径人踪灭。
孤舟蓑笠翁，独钓寒江雪。

◎ 这样读，好轻松

《江雪》一诗是柳宗元和刘禹锡等人参加当时担任太子侍奉的王叔文所领导的"永贞革新运动"失败后，被贬到永州时所作。后来因为气候关系，与他同住的母亲病故，自身悲惨的际遇加以家祸，使他心中百感交集，便创作了《江雪》这首名传千古的诗作。

严寒凛冽的冬季，鸟飞绝，人踪灭，大自然中的生物全都躲避隐藏了起来。大雪弥漫的江面上，只见一位穿蓑衣，戴笠帽的渔翁独自垂钓。其实，这样的冬季也许什么也钓不到，何以渔翁仍要独钓于江畔呢？或许可以尝试与柳宗元当时的生平际遇相连结。贬谪永州的诗人，面对政治现实的险恶，难免心怀怵惕忧惧，但要获得超脱旷达，也得自身有意识及认知。于是，他藉由诗句表示茕茕独立和严酷考验对他算不了什么，只要有信念，有毅力，再恶劣的环境也不足为惧。诗里的渔翁可以想作是诗人自己的写照与投射，孤独而坚强。

《江雪》一诗是藏头诗，每一诗句的头一字依序为"千、万、孤、独"，这四个字正隐含着柳宗元谪居永州时的心境是非常孤独的。

二、李白《月下独酌》

花间一壶酒，独酌无相亲。

举杯邀明月，对影成三人。

月既不解饮，影徒随我身。
暂伴月将影[1]，行乐须及春。
我歌月徘徊，我舞影零乱。
醒时同交欢，醉后各分散。
永结无情游[2]，相期邈云汉。

◉ 这样读，好轻松

《月下独酌》是一组组诗，共有四首，约是在唐玄宗天宝三年（公元744年）春天时创作的。当时李白于长安担任翰林供奉一职，才华洋溢深受玄宗激赏。但是，因与权臣杨国忠不和，又受高力士谗言诋毁，渐为玄宗疏远。李白本想在政治上有一番作为，却发现玄宗只是让他侍宴陪酒，写些应酬的歌颂文章，并没有重用他的意思，李白心情极为抑郁，于是寄情于狂歌痛饮，来宣泄胸中的苦闷。本诗正是此种景况下的心情点滴。

此诗在写作手法、诗句布局上极为巧妙。首先在题目上已率先点出"独"字为诗眼主旨，于是孤独应该是诗人当时的心情写照。但是，仔细阅读此诗后，我们发现李白此诗的写作

① 暂伴月将影：且让月亮及影子与我为伴。
② 无情游：无世俗机心的真情交游。

手法，着意以欢乐呈现哀伤，以热闹反衬孤独。全诗写来热热闹闹，但其实只有作者一人，邀请明月与影子相伴，反衬了内心深处的凄凉之感。孤单是一种寂寞，而喧嚣又何尝不是另一种寂寞呢？但纵使借助外力排遣，热闹后的空虚仍是油然而生，无法消除。其实寂寞本来就是人类生命的本质，难以靠外力消除，一如李白自己在《宣州谢朓楼饯别校书叔云》一诗中说："抽刀断水水更流，举杯销愁愁更愁"，哀愁、孤单、落寞等心情是无法刻意消除的。

这首诗中，李白不以直接宣泄式的手法抒发嗟叹、怨怼、愤恨之情，而以反向操作的方式，记叙自己在夜晚饮酒尽兴，邀月共饮，与影同舞的欢畅自适。

诗从"对影成三人"开始进入了热闹缤纷的画面。月和影本来都是无知觉的，被李白邀请之后拟化为人，它们灵动了起来。李白在这样美丽的花前月下之夜，有两个重要的欢畅动作："喝酒"与"舞蹈"，但是"月既不解饮，影徒随我身"，月亮无法饮酒，影子只能跟随着李白。基于行乐要及时的原则，于是李白当下说了"暂伴月将影"。于是李白吟哦高歌时月亮"徘徊"移动；李白手舞足蹈时，影子也随之"零乱"起舞，月亮与影子活脱脱像是富有情感的"人"了。李白将月与影拟人化，并投射个人强烈的主观感情，化无情为有情，并达到情感交融的地步。这种将作者的情感投射至外物的写法并不少见，如：李白的《独坐敬亭山》："相看两不厌，只有敬亭山"、辛弃疾的《贺新郎》："我见青山多妩媚，料青山见我应如是"。就语言逻辑而言，外物与人的内心世界并无多少相涉，但从诗的意境上分析，情景交融的奥妙足以传达作者的心境。

诗人清醒时，心境是落寞郁闷的，只有在饮酒舞蹈时，才暂时获得纾解与欢乐。所以说，诗中的"醒时同交欢"其实是指"醉时"一起欢乐，而"醉后各分散"是说"醒后"面对现实中的一切，仍得分离。可见李白内心的孤独寂寞仍是如影随形。

李白期待能够和"月"、"影"永远结下没有世俗之情的交游，并相约在浩渺的苍穹天际，让心境获得最完整的抒放。

李白在布局结构这首诗时极为巧妙，他以反衬的方式入手，欲写"孤独"，却以"热闹"表现。诗中的"三人"，除了李白自身之外，其余二者非人也，乃是月亮与影子。于此开端之后，每一句诗的发展，便紧扣着"月与影"而不断推演，每一句诗都隐含着月与影的动作、情态等。于是，解读诗句时，不妨就上述诗中，每一句套色的字词部分，加以细究，你会发现其中奥妙之处。

◉ 思考

1. 某次语文课，老师希望学生们参考下列资料，在李白、杜甫的作品中寻找可以和文中"大"与"重"的领悟相印证的诗句，则（A）、（B）、（C）、（D）四位学生所提出的诗句，何者最不符合？

中国的艺术总是说"重、大、拙"三原则，我总是觉得相反……但诗读久了逐渐悟到：李白的"大"、杜甫的"重"、陶潜的"拙"，我才对重、大、拙略有领悟。（陈之藩《把酒论诗》）

（A）李白："相携及田家，童稚开荆扉。绿竹入幽径，青萝拂行衣。"

（B）杜甫："国破山河在，城春草木深。感时花溅泪，恨别鸟惊心。"

（C）李白："天台四万八千丈，对此欲倒东南倾。我欲因之梦吴越，一夜飞度镜湖月。"

（D）杜甫："万里悲秋常作客，百年多病独登台。艰难苦恨繁霜鬓，潦倒新停浊酒杯。"

2. 下列李白诗句画线处，诠释恰当的选项是：

（A）"见说蚕丛路，崎岖不易行。<u>山从人面起，云傍马头生</u>。"形容山势陡峻，行路窘迫。

（B）"浮云游子意，落日故人情。挥手自兹去，萧萧班马鸣。"意谓友情如浮云、落日，难得易逝。

（C）"<u>抽刀断水水更流，举杯销愁愁更愁</u>。人生在世不称意，明朝散发弄扁舟。"强调满腔忧郁，挥之不去。

（D）"越王勾践破吴归，义士还乡尽锦衣。<u>宫女如花满春殿，只今惟有鹧鸪飞</u>。"表达盛衰无常，繁华成空。

（E）"云想衣裳花想容，春风拂槛露华浓。<u>若非群玉山头见，会向瑶台月下逢</u>。"盛赞殿宇富丽，宛如天庭。

（台湾地区2007年大学学测试题）

参考答案

1. A

2. ACD

第5道美味大餐
诗人手足情深鱼雁往返

　　古代文人，喜爱以诗作互相赠答，彼此唱和应酬，通常由某一人先作，另一人或其他人依照其体裁与用韵来回应的诗作，就叫做"和诗"，有时"和诗"也未必会跟原诗同韵。凡"和诗"，必于诗题标出《和某某人某事》等字样，这是"和诗"的诗题格式。最初的和诗，只回应诗意，不需跟随诗韵，到了中唐才开始"和韵"。"和韵"依照它的形式大概分为三种：一是"依韵"，和诗只需跟原诗中所押的韵脚为同一韵母即可，不一定要依照原诗押韵所用的那几个字。二是"用韵"，和诗的韵脚不但要用与原诗同一韵母，而且要用原诗押韵所用的那几个字，但这些字使用的次序可以不同。三是"次韵"或"步韵"，和诗不但要用原诗押韵所用的那几个字，而且这些字使用的先后次序也要相同，这种和诗是三种类别中限制最严的。

　　下面我们要来品读的苏轼的这首和诗，便是属于最难的"次韵"。

"品尝"好文章

一、苏辙《怀渑池①寄子瞻兄》②

相携话别郑原上，共道长途怕雪泥。
归骑还寻大梁陌，行人已度古崤西。
曾为县吏民知否？旧宿僧房壁共题。
遥想独游佳味少，无言骓马但鸣嘶。

二、苏轼《和子由渑池怀旧》③

人生到处知何似？恰似飞鸿踏雪泥。
泥上偶然留指爪，鸿飞那复计东西。
老僧已死成新塔，坏壁无由见旧题。
往日崎岖还记否？路长人困蹇驴嘶。

◎ 这样读，好轻松

苏轼与苏辙兄弟二人深厚的情谊，一直为人所津津乐

---

① 渑池：在今河南渑池西。仁宗嘉祐元年（公元1056年）苏轼兄弟两人赴京参加考试，途经渑池时借住在一所寺院中，并在寺院的壁上题诗留念。
②《怀渑池寄子瞻兄》：嘉祐六年（公元1061年）年底，苏轼任凤翔府（今陕西凤翔）签判，苏辙送行，兄弟两人在郑州西门外分别后，苏辙想到五年前赴京赶考时曾经到过渑池，猜想其兄苏轼西行赴任必经渑池，所以作此诗送给哥哥。
③《和子由渑池怀旧》：为苏轼回应其弟苏辙的一首和诗。苏轼赴凤翔上任，重经渑池，当年寺中的和尚已经去世，壁上的诗也荡然无存，这首诗即为此有感而发。

道。《宋史·苏辙传》中曾盛赞苏轼兄弟的情谊，"患难之中，友爱弥笃，无少怨尤，近古罕见。"

元丰二年（公元1079年），苏轼因"乌台诗案"遭谗言陷害而被捕入狱。苏辙为了营救哥哥，不仅变卖家产，到处奔走，向太后求情，上书神宗皇帝，为苏轼澄清罪责内容，甚至也愿意免除自己的官职和薪俸，为其兄赎罪。苏轼经过苏辙及其他友人的援助，由死罪改坐贬黄州，但苏辙自己却也因此受到牵连而贬谪筠州。苏轼文学创作上的精华阶段正是在贬谪黄州的四五年之间，这时期，兄弟二人分隔两处，却常常有诗文互相唱和。此次两首诗便是苏轼、苏辙的应和之作。

苏辙的诗，主要从写实、写事、写景直接入手描述，颈联采追述示现的方式怀念往昔。其现实情况是在"旧宿僧房壁共题"句后，苏辙曾经注曰："辙昔与子瞻应举，过宿县中寺舍，题其老僧奉闲之壁。"说明当日题诗于僧房的状况。尾联顺接颈联而来，采悬想示现的方式，遥想哥哥苏轼一人独赴凤阳路途中的经过点滴。整首诗文字平实，记叙写实极为真切。

而苏轼的"和诗"则由议论人生到追怀旧事，然后翻转到自身，是由虚入实的写法。诗的前四句大笔一挥，感叹人生像雪泥上的鸿爪，东奔西走，转瞬间了无痕迹，无法留下任何印记，比喻极为生动。后四句则是"怀旧"笔法，颈联说明时间流逝，过往的人事、景物于今日，恐已非昔日之貌了。而尾联，苏轼采自问自答的方式，收结昔日行旅的艰辛，"路长"、"人困"、"蹇驴嘶"，正是"往日崎岖"的具体说明。诗的末句苏轼自注："往岁马死于二陵，骑驴至渑池。"当日艰辛的境况可见一斑。

细究苏氏兄弟两首诗作，除了在韵脚上完全相同之外，在诗意的应和上，苏辙诗作的第六句"旧宿僧房壁共题"，苏轼回以"坏壁无由见旧题"，彼此互为绾合。而苏轼的最后两句"往日崎岖还记否？路长人困蹇驴嘶"更是针对苏辙原诗"遥想独游佳味少，无言骓马但鸣嘶"而来的。苏辙担忧哥哥一人独往凤翔无人为伴，苏轼就回应说相较于往昔未发达前的崎岖困顿，今日一切或许不足为虑了。苏辙以"马"状拟，苏轼答以"蹇驴"，一来一往，极为巧妙。

第二章
怎样阅读古籍经典

　　本集所挑选的文章都是以文言文为主。内容以介绍诸子百家思想、重要古籍经典、文学名家作品为主，让人细细品味古老的智慧精粹。此外还特意挑选了一些趣味小品及思辨命题，让读者明了文言文并非全是论说朝政典章、家国社会、感慨忧时的内容。其实，以前的人也有喜、怒、哀、乐的情绪，也有柴、米、油、盐、酱、醋、茶的琐碎生活。古典文学中亦是饱含富有兴味的思想情感及生活谐趣。

第6道美味大餐
穿越时空见孔子

凡是懂些中文的人对于儒家、孔子及《论语》一定不会陌生。儒家思想更是被誉为两千多年来中国社会文化的重要价值。但是，这些书籍上的文字是否能进入现实体系里呢？它跟我们现今的日常生活又有何关联呢？

儒家重视道德甚于知识的思维，的确是给我们留下了深深的社会影响。我们常强调"人品"应重于"知识与学历"就是一例，而这在《论语》中又处处可见，如："弟子入则孝，出则弟，谨而信，泛爱众，而亲仁，行有余力，则以学文。"、"吾日三省吾身：为人谋而不忠乎？与朋友交而不信乎？"上面的文句都认为人们应当先修持好个人的行为之后，再进行知识学问的追求。

此外，华人社会重视群体甚于个人，讲礼义，谈忠孝，重信诺，乐谦让，有怜悯、恻隐之心等等，这些特质也都可以在儒家经典中，寻找到共鸣的文句。例如《论语》一书中：孝顺→"父母在，不远游，游必有方。"、"父母之年，不可不知也，一则以喜，一则以惧。"；交友→"益者三友，损者三

第二章 怎样阅读古籍经典

033

友。友直，友谅，友多闻，益矣"、"见贤思齐焉，见不贤内自省也"……这些文字经过日积月累渐次内化在人们的心中，而后再成为我们形之于外的行为表现。凡此种种无形的思想所构成的文化体制与模式，便可以称为"儒家传统礼教"。

提到儒家，孔子是最重要的人物，他个人一生周折的历程，正是体验儒家精神的写照。而《论语》也应该是多数人认识孔子的起步，不过由于它是语录体的形式，只透过简短的句子或对话呈现，并不容易真正理解孔子或儒家的全盘思想及轴心。因此，若能先对儒家或孔子的背景知识有所认知，阅读《论语》时会比较简单。例如：《论语》中曾有几次出现隐世之人，他们是孔子周游列国时在路途中所遇到的。如果我们明白了在孔子周游的十多年之间，其实是郁郁寡欢不得志的，便能理解这些隐士和孔子及门人谈话的用意。如：长沮与桀溺曾说："滔滔者，天下皆是也，而谁以易之？且而与其从辟人之士也，岂若从辟世之士哉？"便是对孔子坚持淑世①的入世思想不以为然的表现。孔子周游列国的目的是希望能找到可以实践他政治理想的国家。可是多年后依然没有

① 淑世：改善社会。

找到知音，于是便有感而发："道不行，乘桴①浮于海，从我者②，其由③与！"上述两则小故事都是发生在孔子周游列国的时期。因此，如果能有一些先备知识，读起《论语》会轻松得多且容易获得共鸣。

　　以下稍事整理孔子的生平，列表如下，以便理清概念。其中，关于年纪的断限和其他书籍说法或许稍有出入，像孔子开始周游列国时，应该算是五十四岁还是五十五岁呢？由于这并非理解时的重点，因此在此不予争论。

出生~十五岁	孔子，名丘，字仲尼。春秋时鲁国人，父亲为叔梁纥，母亲为颜征在。父母年纪差距大，被称为"野合之子"。孔子曾说："吾少也贱，故多能鄙事。"
十五~三十岁	学习有成，三十岁打破当时的阶级门户之见，开始授徒讲学，让平民百姓也能像贵族一样接受教育。
三十~五十岁	沉潜教学，传道授业解惑。办学名声远播，也成为鲁国知名的博学之人，不少人包括王公贵族，从政者都来请教。
五十一~五十四岁 于鲁国被重用当官，达到政治生涯的高峰。	孔子五十一岁开始有机会在鲁国从政，职位一路攀升。此时孔子仕途顺达，受鲁定公、季氏大夫重用，三年内从中都宰一路升到大司寇。参与重要的齐鲁"夹谷之会"，并"堕三都"，将鲁国一些权臣贵族的势力铲除，后因为与当权者政见不和而离开鲁国。

---

① 桴：音 fú，木筏。
② 从我者：跟随我的人。
③ 由：指子路，孔子的一名弟子。

五十五～六十八岁 周游列国时期	孔子五十五岁时，鲁国大治。齐人赠女乐八十人至鲁，鲁国君竟连续三日不上朝。孔子十分沮丧便离开鲁国，前往卫国（第一站），开始了他十四年的周游列国之旅。他走过的地方有卫、曹、宋、陈、蔡等，这些国家大多不出山东、河南两省的范围。当时由于大国间疲于争霸兼并，小国苟且偷安，在利益为主的考量下，孔子期待能有明君推行仁政的理想，终究落空。
六十八～七十三岁 返鲁整理古籍 并教育弟子	孔子自卫国返回鲁国曲阜故居后，把精力集中到办教育与整理古代文献典籍上，删诗、书，订礼、乐，赞周易，作春秋。这阶段他的学生也很多，并培养出了许多如子夏、子游、子张、曾参等才华出众的弟子。

在孔子一生中周游列国的十多年，是段特别的经历。我们知道他是个知其不可为但仍坚持努力的人，一直想用理想的政治理念说服君王实行仁政。他不停奔走，来来去去，四处碰壁，陈蔡绝粮的窘迫、长沮桀溺的揶揄……如此曲折的经历带给孔子什么样的影响呢？孔子周游列国的行为，并非消极地躲避，而是在积极应世，企图寻觅一个能够以仁、以礼、以义来治理的国度。

◎ 思考

没有一个学说思想或理论见解是绝对的"真"与"是"，它有正面之处，自然也会有反面之处。我们在看待儒家时，也应当抱持这样客观的态度。儒家教育在某些层面上有助于维持社会的稳定，但是，它是否有偏颇或其他不足之处呢？大家不妨好好思考一下。

请想想以下问题：

1. 孔子周游列国十四年，以现代人的角度来看，他是在找工作，坚持找一个理想的工作，但是最后他失败了。请问，你允许自己找工作最长的时间是多久？若找工作不顺遂时，我们应该咒怨外界还是应该检讨自己的策略呢？因此，我们可以这样看，如果孔子找了十四年的工作都未能成功，除了归因于当时乱世的背景外，孔子及其弟子们是不是也应该想一想：他们的价值观及理念有没有需要改变的地方呢？而所谓"坚持"与"固执"这两者有何区别呢？择善固执是完全正确的价值观吗？

2. 请你从所学的《论语》文句之中，好好检视一下，哪些观念或想法，会是导致孔子周游列国最终失败的远因及近因呢？其次，读过《论语》后，你想对其中的哪些文句批驳呢？

3. 子曰："吾与回言终日，不违如愚。退而省其私，亦足以发。回也，不愚。"下列有关《论语》这一章的诠释，叙述正确的选项是：

（A）文中"发"字，意指颜回发愤向学，乐以忘忧。

（B）"省其私"，乃指颜回时时反省自己有无过失偏私之处。

（C）从孔子曾说："刚毅木讷，近仁"，可知孔子欣赏颜回"不违如愚"的表现。

（D）由"回也，不愚"看出，孔子认为颜回并不像表面上的唯唯诺诺，而是既能知，且能行的一个人。

（台湾地区2006年大学学测试题）

参考答案

1. 请自由思考，本题无标准答案。

2. 请自由思考，本题无标准答案。

3. D

第7道美味大餐
诸子流派凑热闹

　　春秋战国时期天子主权衰落，诸侯争霸，政治、社会、经济等层面产生剧变。西周时所建立的礼乐典章制度到此时崩坏无存。许多知识分子或有志之士针对当时的社会现象、人生出入等课题，提出了个人见解及解决之道。于是，所谓的诸子学说便应运而生。

　　关于诸子流派学说的综论与介绍在《庄子·天下篇》、《荀子·非十二子篇》、西汉刘安的《淮南子·要略篇》、西汉司马谈的《论六家要旨》、东汉班固的《汉书·艺文志·诸子略序》等作品中皆可见到。此集我们要来看《论六家要旨》和《汉书·艺文志·诸子略序》两文中共同提及的诸子流派，它们有何相同或相异的看法呢？请注意司马谈是司马迁的父亲，西汉人；班固，东汉作家。时代背景与社会文化是否会影响时人或学者对于诸子各家的看法呢？下面就让我们来比较下司马谈与班固两人对于"儒、道、墨、法"四家学说的看法。

"品尝"好文章

一、司马谈《论六家要旨》

儒者博而寡要①，劳而少功②，是以其事难尽从；然其序君臣父子之礼，列夫妇长幼之别，不可易也。

墨者俭而难遵③，是以其事不可遍循④；然其强本节用，不可废也。

法家严而少恩⑤；然其正君臣上下之分，不可改矣。

道家使人精神专一，动合无形，赡足万物⑥。其为术也，因⑦阴阳之大顺，采儒墨之善，撮名法之要，与时迁移，应物变化⑧，立俗施事⑨，无所不宜，指约而易操⑩，事少而功多。

◉ 这样读，好轻松

我们尝试将全文的文意脉络整理如下表：

流 派	精神与方法	缺 点	结 果	效 用
儒家	博／劳	博而寡要，劳而少功	其事难尽从	能够序君臣父子之礼；列夫妇长幼之别

---

① 博而寡要：学问广博而无法抓住要点。
② 劳而少功：劳累而缺少成效。
③ 俭而难遵：太讲究节俭，很难遵循。
④ 遍循：完全尽用。
⑤ 严而少恩：律法严苛而少惠泽。
⑥ 赡足万物：满足万物的需求。
⑦ 因：顺着。
⑧ 应物变化：随万物而变化。
⑨ 立俗施事：确立风俗办理诸事。
⑩ 指约而易操：要旨简易，容易掌握。

流　派	精神与方法	缺　点	结　果	效　用
墨家	俭（俭约）	俭而难遵	其事不可籓循	能够强本节用
法家	严（严苛）	严而少恩		能够正君臣上下之分，不可改矣
道家	因阴阳之大顺，采儒墨之善，撮名法之要，与时迁移，应物变化		使人精神专一，动合无形，赡足万物	立俗施事，无所不宜；指约而易操，事少而功多

想想看：将司马谈的文字图表化后，是否很容易看得出他对四个流派的高低品评呢？

二、班固《汉书·艺文志·诸子略序》

儒家者流，盖出于司徒之官①，助人君顺阴阳明教化者也。游文于六经之中，留意于仁义之际，祖述②尧舜，宪章③文武，宗师仲尼，以重其言④，于道最为高⑤。孔子曰："如有所誉，其有所试⑥。"唐虞之隆，殷周之盛，仲尼之业，已试之效者也。然惑者既失精微，而辟者⑦又随时抑扬，违离道本，苟以哗众取宠，后进循之，是以五经乖析⑧，儒学渐衰；此辟儒之患。

---

① 司徒之官：掌管教育的官。

② 祖述：继承。

③ 宪章：仿效。

④ 以重其言：加重他们言论的分量。

⑤ 于道最为高：在诸子之中地位最高。

⑥ 如有所誉，其有所试：如果我对他有所赞誉，那一定是我试用过他。

⑦ 辟者：邪僻不正之人。

⑧ 乖析：支离破碎，违背本意。

道家者流，盖出于史官①，历记成败存亡祸福古今之道，然后知秉要执本，清虚以自守，卑弱以自持，此君人②南面之术③也。合于尧之克攘④，《易》⑤之嗛嗛⑥，一谦而四益，此其所长也。及放者为之，则欲绝去礼学，兼弃仁义，曰独任清虚可以为治。

　　法家者流，盖出于理官⑦。信赏必罚，以辅礼制。《易》曰："先王以明罚饬法"，此其所长也，及刻者⑧为之，则无教化，去仁爱，专任刑法而欲以致治，至于残害至亲，伤恩薄厚。

　　墨家者流，盖出于清庙之守⑨。茅屋采⑩椽⑪，是以贵俭；养三老五更⑫，是以兼爱；选士大射⑬，是以上贤；宗祀严父，是以右鬼⑭；顺四时而行，是以非命⑮；以孝视天下，是

---

① 史官：掌管历史之官。
② 君人：国君。
③ 南面之术：称王的方法。
④ 克攘：能让。
⑤ 《易》：《易经》。
⑥ 嗛嗛：通"谦谦"，谦而又谦，极言其谦退。
⑦ 理官：掌管司法之官。
⑧ 刻者：苛刻的人。
⑨ 清庙之守：看守宗庙的官。
⑩ 采：柞木。
⑪ 椽：音chuán，栋柱。
⑫ 养三老五更：善待老者。
⑬ 选士大射：天子有选士和大射的制度。
⑭ 右鬼：尊敬鬼神，以右为贵。
⑮ 非命：否定宿命说法。

以上同；此其所长也。及蔽者为之，见俭之利，因以非礼，推兼爱之意，而不知别亲疏。

想想看：班固将各个流派与古代官职相配（有学者怀疑此说），并说明它们的效能与优点。然后再指出后继者或使用者因为未能善用其长处，而让它有褊狭之处。班固与司马谈的论述方式，何者较为客观公允呢？为什么？

◉ 思考

1. 下列各文句，据文意判断其学派归属，排列顺序正确的选项是：

甲、圣人之心静乎，天地之鉴也，万物之镜也。夫虚静恬淡寂寞无为者，天地之平而道德之至，故帝王圣人休焉。

乙、于此有人焉，入则孝，出则悌，守先王之道，以待后之学者，而不得食于子。子何尊梓匠轮舆而轻为仁义者哉？

丙、去规矩而妄意度，奚仲[①]不能成一轮；废尺寸而差短长，王尔[②]不能半中。使中主守法术，拙匠执规矩尺寸，则万不失矣。

---

① 奚仲：古代巧匠。
② 王尔：古代巧匠。

（A）道家／儒家／法家

（B）儒家／墨家／法家

（C）道家／法家／墨家

（D）儒家／墨家／道家

（台湾地区2009年大学指考试题）

2. 阅读下列先秦诸子对于"圣人"的描述，推断甲、乙、丙、丁依序应为哪家的言论？

甲、圣人不行而知，不见而名，不为而成。

乙、圣人之治民也，法与时移而禁与能变。

丙、圣人积思虑，习伪故，以生礼义而起法度。

丁、圣人之所以济事成功，垂名于后世者，无他故异物焉，曰：唯能以尚同为政者也。

（A）道家／法家／儒家／墨家

（B）儒家／道家／墨家／法家

（C）道家／墨家／法家／儒家

（D）儒家／法家／墨家／道家

（台湾地区2010年大学指考试题）

参考答案：

1. A

2. A

第8道美味大餐
儒家帮帮忙

我们常提及的先秦诸子学说，正式成为某种流派并且被人讨论的是九流十家[①]："儒、道、墨、法、名、阴阳、纵横、农、杂、小说"。其中小说家被视为不够资格入流，所以九流十家事实上一共指称这十个学派。

十家当中出现较早的是"儒家"。它在春秋末期首先崛起，经历两千多年时空的转变震荡，直至今日，能继续影响世人，其实是依赖着社会背景的外缘因素及自身核心概念的内部因素，两者互相交融而成就的。

先秦儒家是以道德教化为先，重视伦理的学派。孔子在教育学生时，就是以养成完全人格为主要目标，他曾告诫子夏："汝为君子儒，无为小人儒。""儒"原本是学者的通称，但是，学者不尽然都具有良好的品德，所以孔子勉励学生要成为君子儒。他又说："志于道，据于德，依于仁，游于艺。""弟子入则孝，出则弟，谨而信，泛爱众，而亲仁，行

---

① 九流十家：出自东汉班固《汉书·艺文志·诸子略序》。

有余力，则以学文。"可见道德品行的培养优先于知识学问的学习，是孔子的教育观。自此之后，孔子之学派成为儒家。

儒家重视德行与教化的观念，潜移默化地影响着华人社会的价值观。我们孝顺父母、敬老爱人、重视群体、乐于助人……这些特质，都是受到儒家的核心概念"仁、义、礼"三者的熏染而成。仁是儒家伦理思想的核心，是孔子学说的要旨。而它的内涵简而言之就是"爱人"，意指人在独善之后，还能兼善他人，如：忠、孝、直、恕、惠、谅等特质都是属于"仁"的范畴。

先秦之后的儒家，因适应不同时期的社会环境，而杂糅了不同的因子进入。像汉代的阴阳谶纬之说，唐代盛行的佛道思想，宋明之后受理学影响而形成的新儒家，凡此种种都给儒家带来了新的刺激与养分，也给儒家带来了一定的冲击与摆荡。

如果我们将先秦诸子学说放在同一道光谱上比较，那么杨朱极度为我的利己行为与墨家兼爱的利他行为，可视为光谱上的两个极端。这两种理念就人性而言，无法持久不坠。儒家的中庸之道，推己之后再及于他人，比较符合人性与社会的推展。

因此在诸多因素条件的盱衡比较之下，儒家得以脱颖而出。

对于任何知识学问，我们都应该要以正反思辨的角度来看待，儒家有它的正向价值，也一定有相关的负面评价。要不然在动荡的魏晋南北朝时期，玄学如何能取代儒家而成为新风尚？儒家是否有不合时宜之处呢？另一方面，近几年儒家文化在海峡两岸都备受推崇，是否因为意识到人类道德素质的不足而决定从教化开始进行提升呢？是否也认可儒家教育的正面价值呢？

人世间许多观念、价值的取决，常常是相对的而非绝对的，透过盱衡比较，存在的价值能更为明确。有时单一的、绝对的概念易受到批驳而无法稳立，儒家在时空的更迭中，几经曲折周转，所呈现的正是一种相对性的存在价值。

◉ **思考**

1. 儒家着重德行、理想的追求，反对物质生活的耽溺，下列论语引文中，并非陈述此种意旨的选项是：

（A）君子忧道不忧贫。

（B）士而怀居，不足以为士矣①。

---

① 士而怀居，不足以为士矣：读书人若以在家中安居享受为乐事，不足以称为读书人。

（C）奢则不孙，俭则固。与其不孙也，宁固。

（D）士志于道，而耻恶衣恶食者，未足与议也。

（台湾地区2005年大学学测试题）

2. 儒家认为一个人的外在行止不只与其内在修养相辅相成，抑且是礼义之道的开端，所以儒家极重视外在行止的讲求。下列文句表现儒家此种观点的选项是：

（A）外貌斯须不庄不敬，而易慢之心入之矣①。

（B）礼义之始，在于正容体、齐颜色、顺辞令。

（C）学有所得，不必在谈经论道间，当于行事动容周旋中礼者得之。

（D）临民之时，容止可观②，进退可度，语言和谨，处事安详，则不失礼体矣。

（E）君子所贵乎道者三：动容貌，斯远暴慢矣；正颜色，斯近信矣；出辞气，斯远鄙倍矣③。

（台湾地区2005年大学学测试题）

3. 孔子认为，良好的道德修养具有普世价值，不受族

---

① 外貌斯须不庄不敬，而易慢之心入之矣：仪表只要短暂的不庄重，怠慢之意便会潜伏进入心中。

② 临民之时，容止可观：面对人民的时候，仪态令人欣赏，进退可度，语言和谨，处事安详，则不失其礼体矣。

③ 出辞气，斯远鄙倍矣：讲话言词典雅，自然能远离低俗无礼之人。鄙倍：粗野乖张，鄙，粗野，鄙俗，倍通"背"。

群、地域的局限。下列《论语》中的文句，强调此一道理的选项是：

（A）天下有道则见，无道则隐。

（B）言忠信，行笃敬，虽蛮貊之邦，行矣。

（C）十室之邑，必有忠信如丘者焉，不如丘之好学也。

（D）君子敬而无失，与人恭而有礼，四海之内皆兄弟也。

（E）孔子于乡党，恂恂如也，似不能言者。其在宗庙朝廷，便便言，唯谨尔。

（台湾地区2007年大学学测试题）

4. 儒家思想，一脉相传。下列前后文句意义相近的选项是：

（A）己所不欲，勿施于人／施诸己而不愿，亦勿施于人。

（B）以不教民战，是谓弃之／不教民而用之，谓之殃民。

（C）仁者先难而后获，可谓仁矣／劳苦之事则争先之，饶乐之事则能让①。

（D）言必信，行必果，硁硁②然小人哉／大人者，言不必信，行不必果，惟义所在。

---

① 仁者先难而后获，可谓仁矣，劳苦之事则争先之，饶乐之事则能让：仁者对于艰难之事会在众人之前先去做，而享乐收获则居于众人之后。
② 硁硁：音kēngkēng，形容坚硬顽固的样子。

（E）始作俑者，其无后乎／为民父母行政，不免于率兽而食人，恶在其为民父母也？

（台湾地区2010年大学学测试题）

参考答案

    1. C

    2. ABCDE

    3. BD

    4. ABCDE

《史记》又称《太史公书》，是西汉史学家司马迁所写。司马迁在历史上让人谈论不已的除了因罪招致"宫刑"之外①，还有他忍辱负重，历时十多年完成了《史记》这部旷世巨著。

　　《史记》全书记载的时间断限自上古传说的黄帝时代起，到汉武帝元狩元年，共三千多年。而体例上则有本纪、表、书、世家、列传五类，内容上共一百三十篇。其中"本纪、世家、列传"三类皆是有关人物的记载及描述，在写作手法上有客观、有主观，有详、有略，有特写、有剪接，技巧高明，一直以来为人称颂。宋代郑樵云："百代而下，史官不能易其法，学者不能舍其书。"鲁迅曾这样称誉《史记》："史家之绝唱，无韵之离骚。"

　　"本纪"共十二篇，是记载历代帝王的世系。"世家"有三十篇，多记述诸侯王公、开国功臣或其子孙。而"列

――――――――――

① 司马迁受官刑：司马迁替飞将军李广之孙李陵兵败匈奴被俘一事辩护，而使汉武帝恼怒，因受官刑。

传"所占篇幅最多，共有七十篇，可分为两大类：一类是人物传记，另一类是对外国或国内少数民族的记载。其中的人物传记依据记载的类型又可以分为"单独列传"，如商君列传、孟尝君列传等；"合传"，如管晏列传、廉颇蔺相如列传、屈原贾生列传等；性质相类似的合并为"类传"，如货殖列传、游侠列传、刺客列传。

◉ **思考**

1. 项羽乃西楚霸王，并非真正列于帝王之位，司马迁将他列于"本纪"，与汉高祖刘邦同列，有何意义呢？

2. 承上题，陈涉于秦末揭竿起义之事，或以为此乃暴民之乱，或以为正义之声，而司马迁将之列于世家，可见他个人的观点是什么？

3. 司马迁将屈原、贾谊合并列传，也将管仲、晏子合并列传，试问这些人彼此间有何关联，会让作者如此安排呢？

4. 请阅读下列短文，回答问题。

《诗》有之："高山仰止，景行行止。"虽不能至，然心乡①往之。余读孔氏书，想见其为人。适②鲁，观仲尼庙堂

① 乡：通"向"。
② 适：前往。

车服礼器，诸生以时习礼其家，余祗回留之，不能去云。天下君王至于贤人众矣，当时则荣，没①则已焉。孔子布衣，传十余世，学者宗之。自天子王侯，中国言《六艺》者折中于夫子，可谓至圣矣！

（《史记·孔子世家赞》）

（1）由文中"虽不能至，然心乡往之"、"余低回留之，不能去云"等文句来看，司马迁对孔子除了尊敬、推崇以外，另怀有何种情意？

（A）遗憾

（B）慑服

（C）惆怅

（D）眷慕

（2）依上文判断，司马迁认为孔子此一永恒的生命意义是来自：

（A）对家乡后进的教育及提携

（B）实践经世济民的伟大志业

（C）建立影响深远的学术文化

（D）傲视虚浮短暂的名声权位

（台湾地区2003年大学学测补考试题）

---

① 没：死亡。

5. 根据下述《史记》文字，叙述正确的选项是：

孔子明①王道，干②七十余君，莫能用，故西观周室，论史记旧闻，兴于鲁而次《春秋》。上记隐③，下至哀④之获麟……七十子之徒，口受其传指，为有所刺讥褒讳挹损⑤之文辞，不可以书⑥见也。鲁君子左丘明，惧弟子人人异端，各安其意，失其真，故因孔子史记⑦，具论其语，成《左氏春秋》。

（《史记·十二诸侯年表·序》）

（A）据上下文意，司马迁认为《左氏春秋》无法阐释《春秋》的旨意。

（B）文中"论史记旧闻"的"史记"，泛指古代史书；"孔子史记"则指《春秋》。

（C）"人人异端"的"异端"，意同《论语》中孔子所说"攻乎异端，斯害也已"的"异端"。

（D）文中"为有所刺讥褒讳挹损之文辞，不可以书见

我在台湾教语文：阅读不偏食

① 明：阐明。
② 干：拜见。
③ 隐：鲁隐公。
④ 哀：鲁哀公。
⑤ 刺讥褒讳挹损：讽刺、讥刺、褒扬、隐晦、贬抑。
⑥ 书：书面。
⑦ 史记：此处指史书。

也"，可用以说明孔子"述而不作"的观念。

（台湾地区2005年大学指考试题）

6. 关于下列文字，叙述正确的选项是：

至幕府，广谓其麾下曰："广结发①与匈奴大小七十余战，今幸从大将军出接单于兵，而大将军又徙广部行回远②，而又迷失道，岂非天哉！且广年六十余矣，终不能复对刀笔之吏③。"遂引刀自刭。广军士大夫一军皆哭。百姓闻之，知与不知，无老壮皆为垂涕。

（《史记·李将军列传》）

（A）"结发与匈奴大小七十余战"，是李广自叹年事已高，却仍须与匈奴多次作战。

（B）"岂非天哉"，是李广慨叹既奉命绕远路，竟又迷路，一切命中注定，无可奈何。

（C）"不能复对刀笔之吏"，是李广自谓难以再次面对掌管刑法律令的官吏，承受屈辱。

（D）"一军皆哭"，意谓全军上上下下皆痛哭，表现李广在军中深孚众望，极受士卒爱戴。

（E）"知与不知"，是指有受教育与未受教育者；"无

---

① 结发：年轻时。

② 行回远：走迂回遥远的路。

③ 刀笔之吏：掌管讼诉的官吏。

老壮"，是指不分老少，二句都表李广深得民心。

（台湾地区2006年大学学测试题）

7. 写作常使用"借事说理"的技巧，以提高道理的可信度。下列文中所述"市集人潮聚散"的事例，最适合用来证明哪一选项的道理？

君独不见夫趣①市朝②者乎？明旦，侧肩争门而入；日暮之后，过市朝者掉臂而不顾。非好朝而恶暮，所期物忘其中③。

（《史记·孟尝君列传》）

（A）富贵多士，贫贱寡友，事之固然也。
（B）彼众昏之日，固未尝无独醒之人也。
（C）君子寡欲，则不役于物，可以直道而行。
（D）谚曰："千金之子，不死于市"，此非空言也。

（台湾地区2008年大学学测试题）

参考答案

1. 请自由思考，本题无标准答案。
2. 请自由思考，本题无标准答案。
3. 请自由思考，本题无标准答案。

---

① 趣：通"趋"。
② 朝：白日。
③ 所期物忘其中：所期望得到的东西市集中已经没有了。

4.（1）D　（2）C

5. B

6. BCD

7. A

第10道美味大餐
专书篇（下）——《聊斋志异》

　　《聊斋志异》是一部文言短篇小说，简称《聊斋》。作者蒲松龄，他于十九岁考取秀才之后，一生科场仕途便不得志，到了七十一岁时，才补为贡生。此书大约完成于清康熙十八年（1679年），作者为了抒发胸中的块垒，利用神仙鬼怪的形象结合了自身现实与理想，创造出一个充满幻想的世界。全书共十二卷，四百九十一篇，内容题材十分广泛，多谈人、狐、仙、鬼、妖等，藉由它们的故事来揭露社会黑暗面、暴露科场弊端、讽刺世间人情、记载奇闻秩事等，寓意深刻，在思想层面上极为丰富。清初文人王士禛对《聊斋志异》甚为喜爱，给予极高评价，并为其做评点。曾为此书题诗："姑妄言之姑听之，豆棚瓜架雨如丝。料应厌作人间语，爱听秋坟鬼唱诗。"常人皆畏惧鬼魅，而人间世道里种种险恶算计与无常际遇，有时不免让人惊叹"人"比"鬼"更为可怖，鬼狐之间的情意或许更令人动容，这是王士禛读完后的想法，令人心有戚戚焉。鲁迅曾说："《聊斋》使花妖狐魅，多具人情。和易可亲，忘为异类。"而郭沫若也曾这样说：

"写鬼写妖高人一等，刺贪刺虐入骨三分。"

"品尝"好文章

一、蒲松龄《聊斋志异·孙必振》

孙必振渡江，值大风雷，舟船荡摇，同舟大恐。忽见金甲神立云中，手持金字牌下示；诸人共仰视之，上书"孙必振"三字，甚真。众谓孙："必汝有犯天谴，请自为一舟，勿相累①。"孙尚无言，众不待其肯可，视旁有小舟，共推置其上。孙既登舟，回首，则前舟覆矣。

二、蒲松龄《聊斋志异·戏缢》

邑人某，年少无赖，偶游村外，见少妇乘马来，谓同游者曰："我能令其一笑。"众不信，约赌作筵②。某遽③奔去出马前，连声哗曰："我要死！"因于墙头抽梁④黏一本，横尺许，解带挂其上，引颈作缢⑤状。妇果过而哂⑥

① 汝有犯天谴，请自为一舟，勿相累：你犯了天谴，自己搭一条船去吧，别拖累我们。
② 筵：筵席。
③ 遽：立刻。
④ 梁：高粱茎。
⑤ 作缢：上吊自杀。
⑥ 哂：音shěn，微笑。

之，众亦粲①然。妇去既远，某犹不动，众益②笑之。近视③则舌出目瞑④，而气真绝矣。梁干自经⑤，不亦奇哉？是可以为儇⑥薄之戒。

⊙ **思考**

1. 阅读完以上两则《聊斋志异》的故事之后，你可以简要说明它们的寓意吗？

2. 最能凸显以上两段引文描写上共同特色的选项是：

（A）人物 （B）对话

（C）情节 （D）场景

3. 关于以上两段引文的叙述，正确的选项是：

（A）甲段主旨在彰显人性温暖。

（B）甲段充分展现反讽性效果。

（C）乙段主旨在强调应信守承诺。

（D）乙段由悲而喜暗喻人生无常。

---

① 粲：笑。
② 益：更加。
③ 近视：接近一看。
④ 瞑：闭。
⑤ 自经：自缢，自杀。
⑥ 儇：音xuān，轻佻。

参考答案

1. 第一则主要说明人性自私且鄙陋；第二则是说人不可以过分轻佻随便。

2. C

3. B

难点

第2题：上述两篇文章在人物、对话及场景上并未多做着墨，反而是在情节的发展上用力较深，透过情节的精密刻画，来凸显结局的张力及要表达的主旨。

第3题：（A）甲段凸显人性自私，没有怜悯之心的可悲。

（C）乙段主旨在于强调人不可过分轻薄。

（D）乙段应是由喜而悲。

三、蒲松龄《聊斋志异·夏雪》

丁亥年七月初六日，苏州大雪。百姓皇骇①，共祷诸大王之庙。大王忽附②人而言曰："如今称老爷者皆增一大字；其以我神为小，消不得③一大字耶？"众悚然，齐呼"大老爷"，雪立止。由此观之，神亦喜谄④，宜乎治下部者之得车多矣。

① 皇骇：皇通"惶"，骇，惊惶。
② 附：附身。
③ 消不得：承受不起。
④ 谄：谄媚。

◉ 思考

1.阅读完上文之后，请你在50个字之内简要说明它的主旨。

参考答案

1.藉由一则趣味的故事说明"神明喜欢人们谄媚阿谀"，讽刺世人奉承之风盛行的现象。

第11道美味大餐
苏轼其人、其事、其文（上）

曾经有个趣味的调查，表明苏轼和李白是华人世界里最受喜爱的古代文人。此集我们就来谈谈苏轼。苏轼，字子瞻，号东坡居士，四川眉山人，北宋大文豪，在诗、词、赋、散文、书法、绘画等方面皆有所长，是中国文学史上罕见的全才。

苏东坡在生命的最后一年（1101年），自贬谪地——儋州①获赦北归，途经镇江金山寺时，看到当年画家李公麟为他所绘的一幅画像，不禁感慨万千而写下一首诗，"问汝平生功业？黄州惠州儋州。"东坡一生在朝在野，来来去去，外放或贬谪的时间极长，而黄州、惠州、儋州的生活，是东坡生命中最困顿凄楚的阶段。但他却认为那是其毕生功业之所在，为什么呢？

东坡留给后世丰富的著作：《东坡全集》、《东坡乐府》，等等。此回我们要看的是《东坡志林》，此书所记载的是自神宗元丰年间至哲宗元符二十年中的杂说史论，内容广泛，无所不谈。文章长短不拘，或千言或数语，皆信笔写

① 儋州：今海南岛。

来，挥洒自如，展现了作者行云流水涉笔成趣的文学风格，东坡曾说："嬉笑怒骂之词皆可书而诵之。"

以下数则都是选自《东坡志林》的小短文，机趣横生，由此可以一睹东坡旷达豪放的人生态度。

"品尝"好文章

一、苏轼《桃符与艾人》

桃符仰视艾人而骂曰："汝何等草芥，辄居吾上。"艾人俯而应曰："汝已半截入土①，犹争高下乎？"桃符怒，往复纷然不已。门神解之曰："吾辈不肖，方傍人门户，何暇争闲气耶？"

翻译：

桃符仰面看着艾草说："你是什么东西啊，怎么敢住在我头上？"艾草屈身向下，回答道："你已经半截入土了，还有脸同我争上下高低吗？"桃符很生气，和艾草吵了起来。此刻，门神劝解道："不要吵了，我们这等人没有能力，都是依附在人家的门户上过日子，哪里还有工夫争闲气呢？"

---

① 半截入土：从元旦到端午，约半年。

◉ 这样读，好轻松

桃符为古代悬于门上避邪的桃木板，板子上画着神像或是写着"神荼""郁垒"的字样。后来，慢慢转变成我们现在所看到的春联，每年元日更换。艾人为端午节避邪之物，以艾草扎成人形，系于门上。端午节为农历的五月初五，艾人讥讽桃符"已半截入土"是说时间已来到了端午，意谓着一年已经过了一半了，你这桃符板来日不多了，早就已经一半在土里啦！门神则为门上驱邪之物，三者均系于门户之上，故说"傍人门户"。

想想看：你以为东坡的这则小故事有何寓意呢？他想要讥讽什么呢？

二、苏轼《辨荀卿言青出于蓝》

荀卿云："青出于蓝而青于蓝，冰生于水而寒于水。"世之言弟子胜师者，辄以此为口实[①]，此无异梦中语！青即蓝也，冰即水也。酿米为酒，杀羊豕以为膳羞[②]，曰"酒甘于米，膳羞美于羊"，虽儿童必笑之，而荀卿以是为辨，信其醉梦颠倒之言！以至论人之性，皆此类也。

---

① 口实：谈话的内容。
② 膳羞：膳食，羞通"馐"。

◎ 这样读，好轻松

荀子在《劝学篇》一文中曾说："青，出于蓝，而胜于蓝；冰，水为之，而寒于水。"他的用意是以颜色、冰水为喻来说明教育的重要。教育是让弟子超越老师的。但苏轼却以实际逻辑的角度来看这句话，青色从蓝草中提炼而出，那么青与蓝并无二异；冰是水制成的，冰与水也没有差别啊！东坡玩笑地以为荀子可能是酒醉梦寐之际才讲出上述这段话罢了！

◎ 思考

1.请阅读下列短文，回答问题。

初到黄，廪入既绝[1]，人口不少，私甚忧之，但痛自节俭，日用不得过百五十。每月朔[2]，便取四千五百钱，断为三十块，挂屋梁上。平旦[3]，用画叉挑取一块，即藏去叉，仍以大竹筒别贮[4]用不尽者，以待宾客。度[5]囊中尚可支一岁有余，至时别作经画[6]，水到渠成，不须顾虑，以此胸中都无一事。

（苏轼《答秦太虚书》）

---

① 廪入既绝：公家收入断绝。
② 朔：初一。
③ 旦：白天。
④ 贮：存起来。
⑤ 度：忖度。
⑥ 经画：计划。

作者的经济状况是：

（A）宽裕的

（B）困窘的

（C）收支相抵的

（D）举债度日的

（台湾地区2003年大学学测试题）

2. 以下是苏轼贬谪惠州时期写给苏辙的一封书信，请阅读后回答下列问题。

"惠州市井寥落，然犹日杀一羊，不敢与仕者争买，时嘱屠者，买其脊骨耳。骨间亦有微肉，熟煮热漉出，渍①酒中，点薄盐，炙微焦②食之。终日抉剔③，得铢两于肯綮④之间，意甚喜之，如食蟹螯。率⑤数日辄一食，甚觉有补。子由三年食堂庖，所食刍豢⑥，没齿⑦而不得骨，岂复知此味乎？戏书此纸遗之，虽戏⑧语，实可施用也。然此说行，则众狗不悦矣。"

（苏轼《与子由书》）

---

① 渍：浸泡。

② 炙微焦：火烤。

③ 抉剔：音jué tī，挑抉剔除。

④ 肯綮：音kěn qǐ，筋骨接合处。

⑤ 率：大概。

⑥ 刍豢：指牛羊犬猪。

⑦ 没齿：终身永远。

⑧ 戏：玩笑。

（1）依文意推敲，下列叙述正确的选项是：

（A）惠州物产不丰，但地方官规定每天仍然得杀一只羊。

（B）苏轼买羊脊骨，煮熟微烤料理后再拿去卖，赚得一点小钱。

（C）苏轼不常吃羊脊骨，但每隔几天就会吃蟹螯，觉得相当滋补。

（D）苏轼说他独门的羊脊骨料理如果风行，那狗儿们恐怕会大大不高兴。

（2）依文意推敲，下列叙述不正确的选项是：

（A）苏轼不敢与仕者争买，可知他因自己乃戴罪之身，故颇为谨慎戒惧。

（B）苏轼表面上调侃苏辙，实则想传达他并不感到困顿忧苦，以安其心。

（C）苏轼虽津津乐道羊脊骨肉之美味，实际上觉得食之无味，弃之可惜。

（D）可看出苏轼之豁达，即使身处逆境，生活清苦，却能无往而不自得。

（台湾地区2004年大学学测试题）

参考答案

1. B

2. （1）D （2）C

我在台湾教语文：阅读不偏食

第12道美味大餐
苏轼其人、其事、其文（下）

东坡曾经自赋诗云："问汝平生功业？黄州惠州儋州。"此回，我们阅读的从《东坡志林》中选录的几则短文，便是苏轼谪居这几个地方时所写的作品。

"品尝"好文章

一、苏轼《记游松风亭》

余尝寓居惠州嘉祐寺，纵步松风亭下，足力疲乏，思欲就亭止息。望亭宇尚在木末①，意谓是如何得到？良久忽曰："此间有甚么歇不得处！"由是如挂钩之鱼②，忽得解脱。若人悟此，虽兵阵相接，鼓声如雷霆，进则死敌，退则死法，当恁么时③也不妨熟歇④。

翻译：

我曾经居住在惠州嘉祐寺，有一日，在松风亭附近散

---

① 木末：树梢的末端，比喻高处远处。
② 挂钩之鱼：比喻处境危险。
③ 恁么时：此时。
④ 熟歇：好好休息一番。

步，感觉脚力疲累，想在树林中休息。却看见松风亭的屋檐还在树林的远处，心想如何才能到得了？想了一阵子，顿然有所体会，心想："在这里有什么歇不得的地方呢？"从此，我彷彿一条上钩的鱼儿，忽然得到解脱。如果人们能明白这一点，就算在两军对阵交战时，战鼓隆隆，呐喊震天，向前冲可能死在敌人手里，临阵退却，就会受到军法的处罚，此时该怎么办呢？不妨即刻歇息一下，或许也是办法之一呀！

◉ 这样读，好轻松

这篇短文是作者贬谪在广东惠州时所写的，苏东坡一生曾两次居住在嘉祐寺，前后共一年又两个多月的时间。文中的松风亭原本距离嘉祐寺数百步，据悉今日已不复见。

全文描写的是一段游览的经过，作者本来想要到松风亭，因为脚力不足，正在犹豫不决该继续前进抑或就此打住时，忽然顿悟，何不就地歇息呢？人生是否一定要登上某个顶点呢？可不可以只是欣赏沿途的风景，歇歇脚后就下山呢？此文充分显示了作者对待贬谪际遇的旷达态度，读来理趣盎然。

二、苏轼《儋耳夜书》

己卯上元，余在儋耳①。有老书生数人来过②，曰："良月佳夜，先生能一出乎？"予欣然从之。步城西，入僧舍，历小巷，民夷杂揉③，屠酤④纷然⑤，归舍已三鼓⑥矣。舍中掩关熟寝，已再鼾矣。放杖而笑，孰为得失？问先生何笑，盖自笑也，然亦笑韩退之，钓鱼无得，更欲远去⑦，不知钓者未必得大鱼也。

◉ 这样读，好轻松

这篇文章是作者谪居海南岛儋州时所写的，此时东坡已经六十二岁，生命中的波涛起伏，早已遇过不知凡几了，于是豁达接纳，泰然处之的态度早成了他的习惯。值得思索的是本文中出现了"自笑"与"笑韩退之"，这两处"笑"有何异同呢？又有什么意思？

---

① 儋耳：今海南岛儋州。

② 过：探访。

③ 民夷杂揉：蛮族与民众相处一起。

④ 屠酤：音tú gū，卖酒者。

⑤ 纷然：各种店铺商贩到处都是。

⑥ 三鼓：三更。

⑦ 韩退之钓鱼无得，更欲远去：韩愈曾写诗述其钓鱼钓不着大鱼，埋怨水太浅，要另觅垂钓之处，此暗指作者自己境遇不好，不得志。

三、苏轼《王济王恺》

王济以人乳蒸豚①，王恺使妓吹笛，小失声韵②便杀之，使美人行酒，客饮不尽，亦杀之。时武帝③在也，而贵戚敢如此，知晋室之乱也久矣。

◉ 这样读，好轻松

这篇短文是东坡读史的笔记。描述魏晋时期贵族豪门的奢华生活，于此可以观察出一个国家朝政的好坏。其实这则小故事在《世说新语·汰侈》中也曾有过相关记载："武帝尝降王武子④家，武子供馔，并用琉璃器。婢子百余人，皆绫罗绮襦，以手擎饮食。蒸豚肥美，异于常味⑤。帝怪而问之。答曰："以人乳饮豚⑥。"帝甚不平，食未毕，便去⑦。王⑧、石⑨所未知作⑩。"请问你对这样的饮食方式有什么样的想法呢？

---

① 以人乳蒸豚：用人乳来蒸煮猪肉。
② 小失声韵：一点点乐音错误。
③ 武帝：晋武帝司马炎。
④ 王武子：王济。
⑤ 异于常味：超越一般味道。
⑥ 以人乳饮豚：用人乳喂猪。
⑦ 去：离开。
⑧ 王：王济。
⑨ 石：石崇。
⑩ 所未知作：都不知道发生了什么事。

◉ 思考

1.请阅读下列短文,回答问题。

　　闽越人高①荔子而下②龙眼,吾为评之。荔子如食蝤蛑大蟹,斫③雪流膏,一啖④可饱。龙眼如食彭越石蟹,嚼啮久之,了无所得⑤。然酒阑口爽,餍饱之余,则咂啄之味,石蟹有时胜蝤蛑也。戏书此纸,为饮流一笑。

(苏轼《荔枝龙眼说》)

选出叙述正确的选项:

(A)荔枝宜单独食用,龙眼则宜配酒而食。

(B)荔枝胜在饱满多汁,龙眼的滋味则在咂啄之间。

(C)荔枝、龙眼风味有异,是由于种植地势高低不同。

(D)荔枝、龙眼如搭配蝤蛑、石蟹一起吃,风味最佳。

(台湾地区2008年大学学测试题)

参考答案

1. B

---

① 高:赞美。

② 下:看低。

③ 斫:音zhuó。

④ 啖:音dàn,吃。

⑤ 了无所得:吃不到什么肉。

第13道美味大餐
韩非其人、其事、其文（上）

春秋战国时期是中国历史上一个特殊的时代，其特殊之处就在于出现了各家思想争鸣的盛况且异常开放、活跃。在这段时间里，出现了孔子、孟子、老子、庄子、墨子、韩非……许多影响后代思想发展的重要大家。由于他们的启蒙，激荡出许多的智慧，经过后世学者不断沉淀和演化，最终成为中国文化史上重要的瑰宝。

本课要介绍的是法家中的韩非，韩非历来被人称为法家的集大成者。《韩非子》一书展现了他的唯物主义与功利主义思想及倡导君主专制的理论。他将法、术、势三者结合，极力为君权的确立提出依据，可以称得上是君王霸道思想的拥护者。这样的学说对于巩固君主的地位有极大的催化作用，在《史记》中记载："秦王见韩非《孤愤》、《五蠹》之书，曰：'嗟乎，寡人得见此人与之游，死不恨矣！'"可知当时秦始皇对于其人其书的重视。如韩非提出国君必须削弱臣下势力，并防止他们犯上作乱，所以说："爱臣太亲，必危其身；

人臣太贵，必易主位；主妾无等，必危嫡子；兄弟不服，必危社稷。"

古代中国虽说是以儒为本，但是历代君王的治国方式实际上是呈现"外儒内法"的模式。儒家是治国的门面，法家才是确定统治者地位和权势的核心所在。但是，法家"法"的概念和现代社会的"法治"又不相同。

 "品尝"好文章

一、《韩非子·外储说（节选）》

孔子相卫，弟子子皋为狱吏，刖①人足，所刖者守门，人有恶②，孔子于卫君者曰："尼欲作乱。"卫君欲执③孔子，孔子走，弟子皆逃。子皋从出门，刖危引之而逃之门下室中，吏追不得。夜半，子皋问刖危曰："吾不能亏主④之法令而亲刖子之足，是子⑤报仇之时也，而子何故乃肯逃我⑥？我何以得此于子？"刖危曰："吾断足也，固吾罪当之，不可奈何。

————————

① 刖：音yuè，断人脚跟的刑罚。
② 恶：音wù，讨厌。
③ 执：抓。
④ 亏主：违背。
⑤ 子：你。
⑥ 逃我：帮我逃跑。

然方公之狱治臣也，公倾侧法令，先后臣以言，欲臣之免也甚，而臣知之。及狱决罪定，公愀①然不悦，形于颜色②，臣见又知之。非私③臣而然也，夫天性仁心固然也，此臣之所以悦而德公也。"

翻译：

孔子担任卫国相，弟子子皋担任法官，判决砍断了一个人的脚跟，那人后来负责看守城门。有人在卫君面前中伤孔子说："仲尼要作乱。"卫君想要捉拿孔子，孔子逃走，弟子们也都跟着逃走，子皋逃到城门，城门已经关闭，那个受刑的跀危领着他逃到城门旁边的一个密室里，让官吏追捕不到，到了半夜，子皋问跀危说："我因为不能破坏君主的法令，亲自截断你的脚，现在是你报仇的机会，你为什么还愿意帮助我逃脱呢？我凭什么可以获得你的救助？"跀危说："我被断脚，是我罪有应得，这是没办法的事。然而当你在审判我的案件时，翻遍法令，说一些话来帮助我，希望我能脱罪，这一点我知道。等到后来判了刑，定了罪，你的忧思抑郁，全表现在脸色上，我也知道。不是你偏私于我才这样，而是天生的本心是

---

① 愀：音cù，忧虑,脸色改变。
② 颜色：脸色。
③ 私：有私心。

这样的，这就是我欣然报恩于你的理由。”

◉ 这样读，好轻松

故事中的跀危被子皋因为刑罚判了跀刑而砍断脚跟。等到子皋有难时，跀危其实有机会报仇，一扫前恨，但他却摒除私怨，帮助子皋一行人逃离卫国。跀危能明辨公与私，去除个人的偏私，以客观无私的角度来思考事情，这样的情操与态度很值得效法。文中“跀”是指“砍断脚跟”的刑罚，古代几个著名的刑罚像“劓①刑”是“割掉鼻子”，“墨刑”是“在前额刺字，并染上墨”，“宫刑”则是“割去受罚者的生殖器，又叫腐刑”，如今听来都很残忍。

二、《韩非子·外储说（节选）》

庞恭与太子质于邯郸，谓魏王曰：“今一人言市有虎，王信之乎？”王曰：“否。”“二人言市有虎，王信之乎？”曰：“寡人疑之矣。”“三人言市有虎，王信之乎？”王曰：“寡人信之矣。”庞恭曰：“夫市之无虎明矣，然而三人言而成虎。今邯郸之去②魏也远于市，而议③臣者过于三人矣，愿王察之。”庞恭从邯郸反，竟不得见。

---

① 劓：音yì。
② 去：距离。
③ 议：诽谤。

翻译：

　　战国时魏国大臣庞恭，将陪同魏太子到赵国当人质，临行前对魏王说："现在有一个人说街市上出现了吃人的老虎，大王会相信吗？"魏王爽朗地回答："不会。""那么，如果有第二个人说街上出现了老虎，您会相信吗？""我还是不相信。"庞恭又说："如果有第三个人说街上出现老虎，您就会真的相信了吧？"魏王回答："这样我当然会相信了。"庞恭说："街市上没有老虎这件事是很明白的，然而有三个人说市集上有老虎，你就相信了。如今赵国邯郸距离魏国比市集到宫殿远多了，而诽谤臣的人也超过三人以上，希望国君明察秋毫。"过了一段时间，庞恭陪太子回国，可是魏王却不再召见他。

⊙ 这样读，好轻松

　　以上这个故事就是著名的成语"三人成虎"的由来。庞恭以故事的方式借机劝谏魏王，勿轻信未经求证的传言，但是很明显，魏王已听信谗言而疏远庞恭了。

⊙ 思考

　　1. 阅读下列文字后作答：

　　赵襄王学御于王子期，俄而与子期逐，三易马而三后。襄王曰："子之教我御，术未尽也。"对曰："术已尽，用之则过也。凡御之所贵，马体安于车，人心调于马，而后可以进速致远。今君后则欲逮臣，先则恐逮于臣。夫诱道争远，非先则后也。而先后心皆在于臣，上何以调于马？此君之所以后也。"

（《韩非子·喻老》）

文中以学习驾驭车马为例，主要在阐明：

（A）快马加鞭，进速致远，才能成功。

（B）时时竞逐，有先后心，方能致胜。

（C）诱道争远，非先则后，无须计较。

（D）调御自如，忘怀得失，始能致远。

（台湾地区2006年指考试题）

翻译：

襄王跟王子期学习驾马车，不久就开始与子期追逐比赛，换了三次马却三次都落后。赵襄王跟王子期说："你教我驾马车没有用心，你并没有将所有技术教给我。"王子期说："驾车的技术都已经全部教给你了，只是你的应用方法错了。驾车最可贵之处在于车和马合而为一，驾车人的心必须跟着马一起跑，然后就可以加速跑更远的路了。如今国君您一旦落后就努力想追上臣，领先时又怕被臣给追上。驾车竞赛不是领先就是落后。而大王您无论是领先于臣还是落后于臣，一颗心时时刻刻都跟着臣在跑，又怎么能和马互相协调呢？这就是你之所以落后我的原因啊！"

参考答案

1. D

第14道美味大餐
韩非其人、其事、其文（下）

　　法家萌芽于春秋时期，正式形成于战国前期，活跃于战国中、后期。韩非以法治作为他学说的中心，主要的内涵有富国强兵、重视耕战。韩非认为，国家的富强靠两方面：一是农耕，一是战争，主张严刑峻法，赏罚分明。他以为只有通过严厉的刑法，采轻罪重判的手段，藉由威吓使百姓不敢犯法，社会方能维持秩序。此外，他也力主中央君主集权政策，唯有通过君王权力的集中，才能确保国家维持不坠之势。法家这套思想学说在秦朝一统天下的时期，效能运用达至巅峰，中国历代封建专制极权统治的确立，受韩非学说的影响很大。

　　如果说儒家是一个偏重道德教化、伦常次第的学派，而道家是偏重探讨哲学问题的学派，那么法家便是一个侧重于政治学说的学派。以现代观点而言，法家是一个倡导社会进行实际革新的学派，它的学说理念与现实生活状况有强烈的关联性。

　　韩非是韩国的贵族，非常喜欢刑名法术之学。他和李斯都是荀子的学生，算是同门师兄弟，但他患有口吃的毛病，不擅言说，这一弱点使他的从政之路极为坎坷。韩国为战国七雄当中国势最为弱小的国家，常受邻国的欺侮，韩非多次向国君提出国家富强的计策，但都未被采纳。后来，他写了《孤愤》、《五蠹》、《储说》等一系列文章，这些作品集结在《韩非子》一书。

后来韩非的著作传到秦国，秦王嬴政读了之后大为赞赏，想要亲见韩非一面，迫使韩非出使秦国。李斯自觉不如韩非，很担心韩非取代他的地位，就在秦王面前进谗言诋毁韩非。他说韩非是韩国宗室公子，必定不会效忠于秦国，后来还矫诏君命派人送毒药赐死韩非，等到秦王后悔时，韩非已冤死狱中。

史上著名的同门师兄弟后来却彼此残害的例子，前有一同师事鬼谷子的"庞涓"与"孙膑"，继而有同受教于荀子的"李斯"与"韩非"，如此故事岂不让人嗟叹"本是同根生，相煎何太急！"

"品"尝"好文章

一、《韩非子·外储说左上（节选）》

客有为齐王画者，齐王问曰："画孰最难者？"曰：

"犬马最难。""孰易者？"曰："鬼魅最易。"

夫犬马，人所知也，旦暮①罄②于前，不可类③之，故难。鬼魅无形者，不罄于前，故易之也。

⊙ 这样读，好轻松

若你问一个人这样的问题"画鬼容易，还是画狗容易？"或许有人会不假思索地回答："画狗容易。"这样的认知乃是因为，人们以为狗乃常见之物，容易模拟其外形，而鬼因为不易见到，根本无从画其形貌。但是，文中的画家却说："画狗难，因为日常生活中，早晚都会见到狗；画鬼其实容易，因为鬼大家都没见过，可以凭任自由心证，随意涂抹。"

这是个有趣的命题，没有具体的客观标准者，它可以随顺个人心志不受检验。而那些轻易且具体可见者，则要接受客观实际的检验。所谓"真实"与"虚幻"，"简单"与"困难"，"主观"与"客观"，其界限到底是什么？值得细细思索。

---

① 旦暮：早晚。
② 罄：显现。
③ 类：画得类似，动词。

二、《韩非子·说难（节选）》

昔者郑武公欲伐胡，故先以其女妻胡君，以娱其意。因问于群臣："吾欲用兵，谁可伐者？"大夫关其思对曰："胡可伐。"武公怒而戮之，曰："胡，兄弟之国也，子言伐之，何也？"胡君闻之，以郑为亲己，遂不备郑，郑人袭胡，取之。

宋有富人，天雨墙坏，其子曰："不筑，必将有盗。"其邻人之父亦云。暮而果大亡其财，其家甚智其子，而疑邻人之父。

此二人说者皆当矣，厚者为戮，薄者见①疑，则非知之难也，处知则难也。

翻译：

从前郑武公想要攻打胡国，所以先将自己的女儿嫁给胡国的君主讨好他。于是问大臣们说："我要用兵征伐，可以攻打谁？"关其思回答说："可以攻打胡国。"郑武公听了大怒就把关其思给杀了，并且说："胡国，是我们兄弟之国，你说攻打它，到底是何种居心呢？"胡国君主听到这件事，认为郑武公是亲附他的而不对其防备，郑国则趁机偷袭胡国，占领了它。

宋国有个有钱人，某天，因为下大雨把屋墙冲坏了。他的儿子说："不修好，一定会有小偷来偷东西。"而他邻居家

———————————
① 见：被。

的父亲也这么说。到了天黑之后，这位富人家果然丢掉了很多财物，他的家人觉得他的儿子很聪明，却怀疑他的邻居偷了他的东西。

关其思与邻居的父亲，两人的见解都是正确的，但二者中情况严重的招致杀戮的命运，轻微的则被怀疑，这并非他们的见识有问题，而是在于如何在具体的情境中正确运用这些见识是困难的。

◉ 这样读，好轻松

上述文章中这两则小故事的共相是都涉及"言说"一事。关其思告诉郑武公的攻伐建议其实是事实；而宋人的邻居长者说的也是实情，但两人最后竟然都招致到了负面的结果。可见拥有知识或见解并不困难，但是如何善用这些见知却并不容易。因为，事件的发展还可能受到许多外围因素的影响，例如，进说对象与进说者的亲疏关系、进说对象个人的性格特质，等等。

而韩非将这两则故事放在《说难》篇中，自有其用意。《说难》一文主要是韩非在阐释对"说服国君的种种困难"这个层次的见解。向国君进言，本来就是一项高难度的挑战，它的困难之处不在于进说者的知识见解或是辩论能力完善与否，而是与"国君心意难以捉摸"有关联。《说难》全文中，韩非分析了君王复杂而多重的心理状态，见解极为精辟。但是，现实人生中，韩非如此精湛的思虑却仍敌不过政治上的险恶，最后客死于秦国。司马迁在《史记》中曾说："余独悲韩子为说难而不能自脱耳！"这实在令人不胜唏嘘。

上述故事的核心意义不仅适用在君臣相应的关系上，也适用于其他人际网络。现代社会的多重关系里，言说的发生此起彼落，成败结果的导因或许可从此故事中获得一些点醒与辩证。

◉ 思考

1. 有关本文之主旨，下列叙述何者正确？

（A）任何事情皆当未雨绸缪，有备则无患。

（B）有智慧者，善于选择适当的表现时机。

（C）为人臣者，不应忤逆君王，以免惹来杀身之祸。

（D）人际关系疏密不同，情感自有厚薄之分。

2. 武公何以怒杀关其思？

（A）关其思破坏武公的和亲政策。

（B）关其思在大庭广众之下，公然给武公难堪。

（C）武公怀疑关其思有通敌之嫌。

（D）武公佯怒以取信于胡。

参考答案

1. B
2. D

此回我们要看文言文中一些关于思辨与逻辑的文章。这两篇故事的主角都是小孩，读完之后会发现：我们似乎不该再把小孩提出的问题或是看法视为无物，他们常常能提出"大哉问"的观点，让人绝倒。

"**品** 尝"好文章

二、《列子·汤问（节选）》

孔子东游，见两小儿辩斗，问其故。一儿曰："我以日始出时去①人近，而日中时远也"。一儿以日初出远，而日中时近也。一儿曰："日初出大如车盖；及日中则如盘盂②，此不为远者小而近者大乎③？"一儿曰："日初出沧沧凉凉；及其日中如探汤④：此不为近者热而

---

① 去：距离。
② 盘盂：音yú，器皿。
③ 此不为远者小而近者大乎：这不就是说距离远的东西小，而距离近的东西大？
④ 探汤：手探热汤。

远者凉乎？"孔子不能决①也。两小儿笑曰："孰为汝多知乎②？"

◉ 这样读，好轻松

两个孩子辩论太阳是在刚出来时距离人们较近还是正午时距离人们较近？孔子听完他们的谈论后一时竟无法决断，还被孩子们揶揄一番。我们现在就来看看孔子何以一时之间被问倒了呢？两个孩子是"诡辩"，还是各有其理呢？

这件趣事我们可以这么看：就一个命题而言，太阳到底是初出时离人比较近还是正午时离人比较近，应该有一个正解，不可能两者都是正确的。但就这两个小孩的"推论过程"来看，他们的说法及引用的证据也是正确的，因此，才造成孔子一时没能评论出对错。可是，总有一个说法该是正确的，为何会有两者看来都是正确的状况呢？我们用表格来分析一下两小孩的推论模式：

辩论命题：太阳是日出时还是正午时距离人们较近？

---

① 决：决断。
② 孰为汝多知乎：谁说你是个饱学多识之人呢。

两小儿	推论根据	结　论
甲：日初出，去人近	视觉→日初出，大如车盖；日中时，则如盘子般（车盖比盘盂形体大）。	远的东西小，近的东西大。太阳刚出来时比较大，所以此时它应该距离人较近。
乙：日初出，去人远	触觉→日初出，沧沧凉凉（指太阳刚升起时温度较低）；日中，如探汤（温度升高，如热汤般）。	近的东西比较热，远的东西比较凉。太阳在正中午时比较热，所以这时它应该距离人较近。

这两个小孩在论述之前都各有"前提"，小孩甲的前提是"远的东西小，近的东西大"，这是从"视觉"做区分；小孩乙的假设前提是"近的东西热，远的东西凉"，这是从"触觉"做区分。但是这些前提都有可被检验的盲点，因此由此得出的结论也有待商榷。从这个故事我们得到的另一个启发是孔子是一个"知之为知之，不知为不知，是知也"的人，对于未晓的事，不妄下评断！

二、《世说新语·夙慧（节选）》

晋明帝数岁，坐元帝膝上。有人从长安来，元帝问洛下[1]消息，潸然流涕。明帝问："何以致泣？"具以东渡[2]意告之。因[3]

---

[1] 洛下：洛阳。

[2] 东渡：指东晋将国都迁于建康（南京）一事。

[3] 因：接着。

问明帝："汝意谓长安何如日远①？"答曰："日远。不闻人从日边来，居然②可知。"元帝异之。明日集群臣宴会，告以此意，更重问③之。乃答曰："日近。"元帝失色④，曰："尔何故异昨日之言邪⑤？"答曰："举目见日，不见长安。"

◉ 这样读，好轻松

这则有趣的故事和上面一篇不同之处是：上文是两小孩的辩论，虽各自有坚持且立论点、着眼基础不同，但推论的形式是正确的。而《世说新语》这则却是一个小孩"前后不一"的说法，虽然两次说法不同，却都是正确的，这是因为立论点不同的缘故。我们也以表格来看看晋明帝的前后说法：

次 数	说 法	理 由
第一次	太阳比长安远	听到有人从长安来，却没听过有人从太阳那里来
第二次	长安比太阳远	抬头看得见太阳却看不见长安

讲解这一则前，我们先了解一下故事背景，西晋本来定都于洛阳，到了东晋时迁都于南京。东晋朝廷对于国家的迁都

---

① 汝意谓长安何如日远：你觉得长安和太阳哪一个远。
② 居然：清楚明白的样子。
③ 重问：再问。
④ 失色：脸色改变。
⑤ 尔何故异昨日之言邪：你怎么和昨天说的不一样呢。

偏安一直是难过伤感的，所以听到有人从长安那儿来，便想问问他顺道经过洛阳时所见的故国山河状况。

而明帝真是个聪慧的孩子，第一次的说法符合常理，在亲眼见到有人从长安来时，便不假思索地回答长安比太阳近；第二次，群臣集会于宫殿，他明了了故国沦落之悲，不知道是否要借机刺激朝臣官员，他说了"举目见日，不见长安"这样慑人心魄的话语，无疑给众官员们一记当头之喝。故国何时能再见呢？看见太阳远比见到长安容易多了，所以太阳自然是比长安近了。

◉ 思考

1. 阅读下列文字后作答：

沧州南一寺临河干①，山门圮②于河，二石兽并沉焉。阅③十余岁，僧募金重修，求二石兽于水中，竟不可得④。以为顺流下⑤矣，棹⑥数小舟，曳铁钯，寻十余里，无迹。

一讲学家设帐寺中，闻之笑曰："尔辈不能究物理。是

---

① 河干：河边。
② 圮：倾倒。
③ 阅：经过。
④ 不可得：找不到。
⑤ 顺流下：顺流滚下去。
⑥ 棹：音zhào，船桨。

非木柿①，岂能为暴涨携之去？乃石性坚重，沙性松浮，湮于沙上，渐沉渐深耳。沿河求之，不亦颠乎？"众服为确论。

一老河兵闻之，又笑曰："凡河中失石，当求之于上流②。盖石性坚重，沙性松浮，水不能冲石，其反激之力，必于石下迎水处啮沙为坎穴，渐激渐深，至石之半，石必倒掷坎穴中。如是再啮③，石又再转。转转不已，遂反溯流逆上矣。求之下流，固颠；求之地中，不更颠乎？"如其言，果得数里外。然则天下之事，但知其一，不知其二者多矣，可据理臆断欤？

（纪昀《河中石兽》）

下列四图，何者最接近"老河兵"对"河中石兽"移动原因的分析？

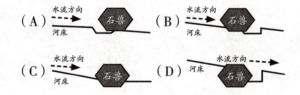

（台湾地区2010年大学指考试题）

参考答案

1. A

---

① 木柿：木片。

② 求之于上流：到上游去找。

③ 啮：音niè，咬或啃。

难点

　　这则故事根据老河兵的推论是：

　　由于石兽的重量导致它在水底能保持稳定的位置，上游来水，遇到稳定的石兽，便会改变原先的水流方向，一部分转向下部的水流会冲击石兽迎水面下方的淤泥。时间一久，在迎水的这一面便会有一个不断经由水啃蚀冲击所形成的坑，石兽自然下跌进入坑中，也就是向上游跌去，如此周而复始，便会出现石兽向上游走的情形。根据请教于物理老师的说法，这样的论点还必须考虑水流的速度及强弱，加上河流水底的倾斜角度等。

第16道美味大餐
文言文中的动物寓言

"品"尝"好文章

一、周瑛《谗戒》

吾官镇远，尝睹于物，得三戒焉。虎性馋，不择肉而食，有羊牧崖上，虎攫之，羊负痛堕地死，虎随之；虎堕地，不死而重伤焉，竟为乡人所毙。蝎虎①亦性馋，蝎虎缘壁行，入燕巢以食其雏，雏负痛堕地，蝎虎随之；雏在地飞跃，家人为送入巢，蝎虎不能动，鸡食之。蚁亦性馋，凡物有大于己者，皆负致以行②，务入其穴乃止③，有蚓出穴，蚁群嘬之，蚓负痛，宛转泥沙中，卒莫能制蚓；鸭出栏，并食之。

夫虎贪食羊，不知羊死而身毙；蝎虎贪食燕雏，不知燕雏得全而己不免；蚁贪食蚓，不知与蚓并为鸭所食。嗟夫！利者，害之所伏也；得者，丧之所倚也。为馋不已者，可以戒矣！

◎ 这样读，好轻松

本文以寓言的方式，引用动物好吃贪食的特性来寄托寓意。虎、蝎虎、蚂蚁因为性馋，为了捕食令其垂涎的猎物，

---

① 蝎虎：壁虎。
② 负致以行：背在身上行走。
③ 务入其穴乃止：务必回到自己的巢穴为止。

忘却了自身的安危，也忽略了"螳螂捕蝉，黄雀在后"的警惕，结果非但没吃到猎食之物，甚至还赔上性命。故事在警告人们居安当思危，得与失、利与害有时相伴而生，或是隐藏于细微难见之处，立身行事不得不注意。

此文在篇章结构上，极为完整而章法清楚，它先说故事，再就故事来论理，提揭寓意。因此我们尝试将文章结构以表格化呈现：

首段"记述"：

分述三戒的故事→三种动物皆性馋

①老虎要吃羊

②壁虎想吃雏燕

③蚂蚁想吃蚯蚓

次段"议论"：

先简要分述三种动物的下场，再总结出结论。

结论→利者，害之所伏也；得者，丧之所倚也。为馋不已者，可以戒矣。

动 物	虎	蝎 虎	蚂 蚁
特质	性馋，不择肉而食	性馋	性馋，遇见比自己体形大的，一定要背负着走，直到回到洞穴为止

动 物	虎	蝎 虎	蚂 蚁
事件	虎看见羊在山崖上，跳而攫之	蝎虎缘壁行，入燕巢以食其雏	有蚯蚓出穴，蚁群噪之
结果	羊负痛堕地死，虎随之；虎堕地，不死而重伤焉，竟为乡人所毙（被乡人杀死）	雏负痛堕地，蝎虎随之；雏在地飞跃，家人为送入巢，蝎虎不能动，鸡食之（蝎虎后被鸡吃）	蚓负痛，宛转泥沙中，卒莫能制蚓；鸭出栏，并食之（蚂蚁蚯蚓后被鸭一起吃掉）

◎ 思考

1.下列关于本文内容的叙述，正确的选项是：

（A）文中所称的三戒，即以羊、蝎虎、蚂蚁为戒。

（B）羊原本在崖上吃草，后来被老虎扑攫、吃掉。

（C）蝎虎爬进燕巢想吃雏燕，结果反被母燕吃掉。

（D）蚂蚁想吃掉蚯蚓，却和蚯蚓一起被鸭子吃掉。

2.下列关于本文的鉴赏分析，错误的选项是：

（A）本文结构是先叙事后说理，借动物故事论理，显得更具体生动。

（B）本文叙事部分是先分述，后总结；说理部分则是先总说，后分论。

（C）本文叙事说理紧扣篇题，以"馋"字贯串全文，以"戒"字前后呼应。

（D）本文目的在警惕人们不要只看到眼前的利与得，而忽略了潜藏的危险。

（台湾地区2009年大学学测试题）

参考答案

1. D

2. B

二、《百喻经·一鸽喻》

昔有雄雌二鸽，共同一巢。秋果熟时，取果满巢。于其后时①，果干减少，唯半巢在。雄瞋②雌言："取果勤苦，汝独食之，唯有半在！"雌鸽答言："我不独食，果自减少！"雄鸽不信，瞋恚③而言："非汝独食，何由减少？"即便以嘴啄雌鸽，杀。未经几日，天降大雨，果得滋润，还复如故④。雄鸽见已，方生悔恨："彼实不食，我妄杀他！"

想想看：阅读完上文寓言后，我们尝试整理几处值得好好思考辨析的地方：

①雄鸽被自己的偏见与成见所囿而误杀了雌鸽。

②证据能还原真相，雄鸽后来终于了解了自己所犯的错误。

----

① 于其后时：时间一久。

② 瞋：瞪眼生气。

③ 恚：音huì，气愤发怒。

④ 还复如故：果实恢复原来的样子。

③雌鸽除了以言语辩白来为自己澄清之外，在当时是否还有其他方法，可以免除灾祸呢？

◉ 思考

1.阅读上文后，选出叙述正确的选项：

（A）雄鸽多疑固执，闯祸而不知悔悟。

（B）雄鸽未察真相，以至于误杀雌鸽。

（C）雌鸽吃了果子，却宁死不肯承认。

（D）雌鸽没吃果子，果子是被偷走的。

（台湾地区2007年大学学测试题）

参考答案

1. B

第三章
怎样阅读现代文

　　本集是现代语文的阅读，其中包含有科普、环保、历史文化、思辨、文学理论等作品类别。不同领域面向的作品，它们表意叙述的方式不尽相同，文学作品中可能有象征、铺陈、堆砌等手法的运用；科普或环保类文章通常会直捣黄龙式地进入主轴核心，较少无关联的铺排；而历史地理类文本便需有辅助的图片、表格等，不同文类、不同题材的作品，阅读时的运思及理解方式也不尽相同。透过多样性文类的阅读可以撞击出解题固有的思维模式，培养出多元的思辨路径及分析视角。

"品尝"好文章

一、蒋勋《孤独六讲·革命孤独》

托尔斯泰是一位伯爵，拥有很大很大的农庄，但是在他的作品《复活》中，他重新回顾了成长过程中身为贵族的沉沦，以及拥有土地和农奴带给他的不安与焦虑，于是他决定出走。我认为托尔斯泰最伟大的作品不是《复活》也不是《战争与和平》，而是在他垂垂老矣时，写的一封给俄国沙皇的信。信中，他没有称沙皇为皇帝，而是称他为"亲爱的兄弟"，他写道："我决定放弃我的爵位，我决定放弃我的土地，我决定让土地上所有的农奴恢复自由人的身份。"那天晚上把信寄出去之后，他收了几件衣服，拎着简单的包袱，出走了。最后他死在一个名不见经传的小火车站，旁人只知道一位老人倒在月台上，却不知道他就是大文豪托尔斯泰。

⊙ 这样读，好轻松

这是一段带有传记性质的作家介绍文字，我们可以从中整理出几则它所透露的关于主角托尔斯泰的重要讯息：

---

① 托尔斯泰除了作家的身份之外，也是位具有贵族身份的伯爵。

② 托尔斯泰在其名作《复活》中呈现出自身于成长过程中对于身为贵族的沉沦，以及拥有土地和农奴的种种不安与焦虑，所以他决定出走。

③ 蒋勋以为：托尔斯泰最伟大的作品不是《复活》也不是《战争与和平》，而是在他垂垂老矣时，写给俄国沙皇的一封信。

④ 托尔斯泰在给沙皇的信中有几项特点足以表现他个人性格及理念：
其一：他不称沙皇为皇帝，而是称他为"亲爱的兄弟"，展现他破除阶层的想法。
其二：他告诉沙皇要放弃他的贵族身份及所拥有的一切财富与特权，并且希望解放农奴。

⊙ 思考

1. 请你就上述文章内容想想看并判断，为何蒋勋将它归于"革命孤独"呢？

2. 上文中，作者认为托尔斯泰给沙皇的信之所以伟大，是因为：

（A）托尔斯泰体认民贵君轻，实践民主思维。

（B）托尔斯泰目睹贫富差距，慷慨捐财助人。

（C）托尔斯泰揭露民生困苦，唤起社会关注。

（D）托尔斯泰展现悲悯情怀，追求人间公义。

（台湾地区2008年大学指考试题）

参考答案

1. 托尔斯泰的伯爵身份让他意识到贵族阶层对广大农民百姓剥削的无情，这让他感到不安与难过。他选择出走及写信给沙皇，看起来是对当时体制的"革命"与怒吼，其实也是对自己心灵声音的"革命"。

2. D

二、改写自陈之藩《一星如月·褒贬与恩仇》

30年代的时候，鲁迅曾与梁实秋展开多次笔战。有一回，梁实秋说鲁迅把一切主义都褒贬得一文不值。鲁迅则反驳："你究竟在说'褒'还是在说'贬'？褒就是褒，贬就是贬，什么叫作褒贬得一文不值？"梁实秋无词以对，只是解释回应说，按北京人的用法，褒贬就是指贬。当年这场笔战似乎鲁迅占了上风，然而陈之藩总无法信服鲁迅之说，却也说不出具体的理由。后来在香港，一位四川籍教授给他看一幅邓小平的题字："历尽劫波兄弟在，相逢一笑泯恩仇。"落款有"录鲁迅诗"字样，陈不禁为之大笑，原来他发现鲁迅也有与梁实秋类似的用法，陈之藩因而评论鲁迅：泯恩仇指的当然是泯"仇"，"恩"为什么要泯它呢？

◉ 这样读，好轻松

上述文章是记载一段鲁迅与梁实秋的笔战趣事，两人运用中国文字中专属的"偏义复词"进行了一场机锋交战。鲁迅攻击梁实秋使用词语不精确，是"褒"是"贬"讲不清楚。其实梁实秋的回答就是解释了偏义复词的用法。没料到多年后陈之藩意外地发现，鲁迅也使用了偏义复词的用法"一笑泯恩仇"。

◉ 思考

1. 关于下列文字，叙述正确的选项是：

（A）梁实秋心知鲁迅的反驳是对的，所以无词以对。

（B）陈之藩评论鲁迅，可谓是"以其人之道，还治其人之身"。

（C）邓小平题字，颇有希望鲁、梁二人笔战"一笑泯恩仇"之意。

（D）鲁迅事后自觉强词夺理，所以作诗有"兄弟在"、"泯恩仇"之语。

（台湾地区2006年大学学测试题）

参考答案

1. B

"品尝"好文章

鲁迅《选本（节选）》

凡选本，往往能比所选各家的全集更流行，更有作用。册数不多，而包罗诸作，固然也是一种原因，但还在近则有选者的名位，远则凭古人之威灵，读者想要从一个有名的选家，窥见许多有名作家的作品。所以自汉至梁的作家的文集，并残本也仅存十余家，《昭明太子集》只剩一点辑本了，而《文选》却在的。读《古文辞类纂》者多，读《惜抱轩全集》的却少。……选本可以借古人的文章，寓自己的意见。博览群籍，采其合于自己意见的为一集，一法也，如《文选》是。择取一书，删其不合于自己意见的为一新书，又一法也，如《唐人万首绝句选》是。……读者的读选本，自以为是由此得了古人文笔的精华的，殊不知却被选者缩小了眼界，即以《文选》为例罢，没有嵇康《家诫》，使读者只觉得他是一个愤世嫉俗，好像无端活得不快活的怪人；不收陶潜《闲情赋》，掩去了他也是一个既取民间《子夜歌》意，而又拒以圣道的迂士。选本既经选者所滤过，就总只能吃他所给予的糟或醨。

⊙ 这样读，好轻松

此文主要的大意是在说明：不少人喜欢阅读作者的"选本"集子，以为这样的方式，是在最经济的时间之内，汲取该作家日月精华的最佳途径。但是本文作者鲁迅对这种现象不以为然，因为读者眼界的广度全部被选者即选文章之人给限缩了。选者认为好的就喂给你吃，不好的就自动删除。于是，选者的价值观成了读者的价值观，读者缺少了个人的、独特的判断能力。而选者所拣择的到底是精华还是糟粕，恐怕也让人怀疑！

本文虽是白话文，但在阅读此文时，偶尔会有不甚流畅之感。这是因为此文是民国早期的语体文，而语言本来就会随着时代而产生变化。

本文中出现不少作者及著作名称，若您未曾学过，一遇到时，难免紧张。但是我们发现，知不知道这些著作名称并不影响理解全文的线索，因为这些作品及人名是鲁迅用来说明他的个人论点"读选本容易被限缩视野"的证据。我们尝试将全文的文意脉络整理如下表：

现象一：选本，往往能比所选各家的全集更流行，更有作用。
证据一：《昭明太子集》只剩一点辑本了，《昭明文选》还在。（此二书是南朝梁昭明太子之作，前者是他的著作，后者是他拣择名家的选本）
证据二：读《古文辞类纂》者多，读《惜抱轩全集》的却少。（此二书的作者是清初桐城派大师姚鼐，前者是姚鼐所编选的一部古文选本，后者是他的个人著作）
选本的组成有二： 其一：博览群籍，采其合于自己意见的为一集，一法也，如《文选》是。 其二：择取一书，删其不合于自己意见的为一新书，又一法也，如《唐人万首绝句选》是。
现象二：阅读选本的结果：以为是可以借此得了古人文笔的精华，殊不知却被选者给缩小了眼界。
证据一：《昭明文选》中未选入嵇康的《家诫》，让人觉得嵇康好像只是个愤世嫉俗，桀骜不驯的人而已。（《家诫》中嵇康谨慎诚挚地告诫其子处事应对之要）
证据二：《昭明文选》中未选入陶渊明的《闲情赋》，让人不识陶渊明的另一面。（《闲情赋》旨在抒发儿女情怀，追求思慕美人，展现的情感大胆而热烈）

◉ **思考**

1. 鲁迅在文章最后说："选本既经选者所滤过，就总只能吃他所给予的糟或醨。"请问句中的"糟或醨"是指什么？为什么鲁迅会将选本视为"糟或醨"呢？

2.依据上文，下列叙述正确的选项是：

（A）《昭明太子集》、《惜抱轩全集》、《古文辞类纂》都是全集。

（B）文中认为选集取精用宏，读者不必详读全集，只要选读好的选集即可。

（C）由文中叙述可知：《家诫》的内容正足以证明嵇康是个愤世嫉俗的人。

（D）文中认为选集常因编选者的任意去取，导致读者对作家的认知偏狭而不够全面。

（E）文中认为选集往往比全集流行，原因之一是读者想藉由编选者的眼光阅读历代名作。

（台湾地区2006年大学指考试题）

参考答案

1. "糟或醨"是糟粕与薄酒，用来指称品质不佳或较为劣等的东西。鲁迅以为，选本既然是经过选家的筛选与拣择，精华之处已被选家吸纳，留下的或许只是糟粕了。

2. DE

 "品 尝" 好文章

改写自《科学的故事》

1859年伦敦街头春意盎然之际。清晨的书店门口，许多人正排队购买查理·达尔文刚出版的新书——《物种起源》。

1831年，达尔文因教授推荐，登上英国海军"贝格尔号"，随舰记录沿途看到的自然现象。这次的航行历时五年，除了搜集到很多动植物标本以外，达尔文最大的收获还是思想上的。

那时他随身带了两本书，一是《圣经》，一是赖尔的《地质学原理》。达尔文原本相信《圣经》的说法，认为形形色色的生物都由上帝创造，物种是不变的。但随着考察结果的深入，物种变异的事实使他对"神造万物"产生怀疑。后来他阅读赖尔的《地质学原理》，该书论证了地层年代愈久远，现代生物与其远古原形之间的差异就愈大，因此，他逐渐相信物

种是不断变化的。

回国后，达尔文向育种家和园艺家们请教，认真研究动植物在家养条件下的变异情况，并得出结论：具有不同特征的动植物品种可能源于共同的祖先，它们在人工干涉下，可逐渐形成人们需要的品种，此即人为选择。但自然界的新物种又是如何形成的呢？这个问题始终在他脑海萦绕。1838年，达尔文偶然读到马尔萨斯的《人口论》，书中提到：任何动物的繁殖速度，都大于它们食物的增长速度，于是部分动物在生存竞争中死亡，动物与它们的食物遂达到新的平衡。这个论点给达尔文很大的启示，他想到自然环境就是这样选择生物，生物通过生存竞争，适者生存，因此不断进化，是为自然选择。

1842年6月，达尔文写出一份只有三十五页的生物进化论提纲。1844年，他将这份提纲扩充为二百三十一页的概要，但未立即发表，直到1858年，才在学术会议上公布他的生物进化论。达尔文的学说提出后，最大的反对者是当时的宗教界，因为此说否定上帝创造物种，动摇神学基础。但也有许多科学家表示支持，例如赫胥黎首先把进化论用于追溯人类的祖先，推测人类是由人猿变来的；海克尔则利用进化论，提出最早的动植物进化系统树，并在此系统树上标明了人类起源与人种分布。

◉ 这样读，好轻松

　　本文写作上的特色，是罗列出许多时间点。由于作者想要凸显的是达尔文物种进化理论的演变历程，因此，关键时间点便很重要。此外，既然是描述物种演变此学说的发展历程，这期间影响达尔文观念思想的人物或书籍，也是值得关注的焦点。阅读时，可以先行整理梳理出全文的时间脉络，并将其中提及的书名稍加排列，以理清它的递嬗过程。

　　最后，本文的真正重头戏是，达尔文的学说理论到底经过怎么样的历程转换，而有了最后的样貌呢？达尔文从起初相信上帝创造万物，物种是不变的，到了解发现物种是逐渐变易的，后来又因为狐疑新物种的产生缘由，更进一步发现物种是会竞争的，适者会不断进化以求生存。这个划时代的学说，影响后世深远。我们尝试将全文的文意脉络整理如下表：

背　景	思想理念的转变
1831年达尔文登上英国海军"贝格尔号"，随舰记录沿途看到的自然现象	随身带了两本书，一是《圣经》，一是赖尔的《地质学原理》。原本他相信圣经所言：生物都由上帝创造，物种是不变的；后来经由实际观察及阅读《地质学原理》，他相信物种是不断变化的。
1836年回国后	达尔文向育种家和园艺家们请教，并得出结论：具有不同特征的动植物品种可能源于共同的祖先，它们在人工干涉下，可逐渐形成人们需要的品种，此即"人为选择"。
1838年，达尔文读到马尔萨斯的《人口论》	书中认为动物的繁殖速度远大于食物的产生速度，所以动物彼此会竞争。有些存活，有些死亡，通过生存竞争，适者得以生存，因此不断进化，是为"自然选择"。
1858年	达尔文在学术会议上公布他的生物进化论。
1859年	达尔文出版《物种起源》一书，引起轰动。

第三章　怎样阅读现代文

115

◉ 思考

1. 文中提到达尔文对于自然界新物种是如何形成的感到狐疑，请问他后来找到解答了吗？答案是什么？

2. 阅读完本文后，请你简要说明"人为选择"与"自然选择"的含意各是什么。

3. 上文旨在说明：

（A）《物种起源》畅销的原因。

（B）达尔文的家世与生平。

（C）生物进化论的形成与影响。

（D）人工选择与自然选择的差异。

4. 上文所提到各人物的研究成果，可依先后排出传承关系。下列排序，正确的选项是：

（A）赖尔—海克尔—达尔文。

（B）马尔萨斯—达尔文—赫胥黎。

（C）赫胥黎—赖尔—达尔文。

（D）海克尔—达尔文—马尔萨斯。

5. 根据上文，达尔文《物种起源》的论证不可能包括哪个论点？

（A）对生物有利的变异，可藉由遗传保存和累积。

（B）自然选择与人工选择，皆可产生动、植物的新品种。

（C）在生存竞争中，不利的变异被保留，有利的变异被淘汰。

（D）相似的生物缘于一个共同祖先，生活条件改变则造成物种变异。

（台湾地区2004年大学指考试题）

参考答案

1. 有的。其实是物种透过生存竞争，适者不停进化，而成了所谓“新物种”。

2. "人为选择"是指透过人工干涉将物种逐渐形成人类需要的品种。"自然选择"则是指生物通过生存竞争，适者生存，不断进化的过程。

3. C

4. B

5. C

"**品** 尝" 好文章

改写自梅琳达·温纳《大脑也会得糖尿病》

认识糖尿病的人，一定都知道胰岛素的重要。这种激素帮助细胞储存糖类和脂肪以提供能量。当身体不能产生足够的胰岛素即第一型糖尿病或者对它有异常反应即第二型糖尿病，就会发展成许多循环系统和心脏方面的疾病。但最近的研究显示，胰岛素对大脑也很重要——胰岛素异常和神经退化性疾病有关，如阿兹海默症（Alzheimer's Disease）。

长久以来，科学家相信只有胰脏会制造胰岛素，而中枢神经系统完全没有参与。直到19世纪80年代中期，几个研究团队在大脑中发现了胰岛素。显示这个激素不仅可以通过血脑障壁连通，大脑本身也能少量分泌。

接下来，科学家又发现胰岛素对于学习和记忆很重要。例如，受试者在注射或吸入胰岛素之后，对于回忆故事情节等相关记忆能力马上增强了；而测试中擅长空间记忆的大鼠比起惯于静止的大鼠，脑部也含有较多的胰岛素。

这些观察结果让美国布朗大学的神经病理学家蒙特（Suzanne de la Monte）和同事联想到：大脑中的胰岛素是否和阿兹海默症有关？因为阿兹海默症会造成严重的记忆丧失。他们比较了健康者和阿兹海默症患者脑中胰岛素的含量，发现和学习以及记忆有关的神经区域中，健康者的胰岛素平均含量比阿兹海默症患者高了四倍。

根据这个结果，蒙特认为："阿兹海默症患者也可能有一般糖尿病的问题"，她甚至把阿兹海默症当成是"第三型糖尿病"。因为有血脑障壁的连通，大脑胰岛素的含量，其实也反映了身体其他部位的含量，故2002年一份关于糖尿病患者的研究报告更进一步指出：_____，这些患者的记忆与学习问题也比较多。

◉ 这样读，好轻松

阅读完上述文章后，我们发现作者想要呈现的主旨是：胰岛素除了与传统认知的和"糖尿病"有关之外，它和大脑也有所牵涉。胰岛素的异常和"阿兹海默症"之间是相关联的。

作者在首段段末就先提出这样的中心概念，后续各段再渐次地将科学家研究发现的过程逐层推展论述。此文所运用的是"总提→分述→合论"的写作方式。透过实证、归纳、推论、再验证的历程，将一则医学新知告诉世人。

因此，进行解读时，病症之间的因果关系、前后顺序，便极为重要。上述文中套色部分，便是阅读之际可以利用"画线"策略来进行提点的重要部分。

逐步阅读文章时，你脑海里是否会闪过一些念头来自我询问呢？如"糖尿病患者会不会比较容易患阿兹海默症？""阿兹海默症者会不会容易得糖尿病？""大脑跟身体其他器官的疾病有所关联吗？"这样的想法就是属于文章表面未呈现，而是读者自我询问、推论的过程，这是阅读力中想要培植的思辨及探索能力。读者与作者的意念沟通——作者想表达的和读者所理解的——透过询问、推论的方式，得以接近。我们尝试将全文的文意脉络整理如下表：

段落安排	推论及验证的递进过程
首段：以总说提要的方式先行说明全篇文章的主旨大意	胰岛素对大脑也很重要——胰岛素异常和神经退化性疾病有关，如阿兹海默症。
第二段：科学家的发现（一）	长久以来以为只有胰脏会制造胰岛素，后来发现这个激素可以通过血脑障壁连通，大脑本身也能分泌少量胰岛素。

段落安排	推论及验证的递进过程
第三段：科学家的发现（二）	胰岛素对于学习和记忆很重要。
第四段：科学家的推论与实证	推论：大脑的胰岛素是否和阿兹海默症有关？因为阿兹海默症会造成严重的记忆丧失。实证：健康者的胰岛素平均含量比阿兹海默症患者高了四倍。
末段：科学家蒙特的总结	"阿兹海默症患者也可能有一般糖尿病的问题"，蒙特甚至把阿兹海默症当成是"第三型糖尿病"。

想想看：1."糖尿病患者会不会比较容易患阿兹海默症？""阿兹海默症者会不会容易得糖尿病？"这两则问题的概念相同吗？

2.这篇文章的题目是《大脑也会得糖尿病》，你觉得还有其他适合的题目可以使用吗？

◎ 思考

1.依据上文，自19世纪80年代中期至神经病理学家蒙特这段期间，关于胰岛素的科学研究进程是：

甲、发现大脑会分泌胰岛素。

乙、发现糖尿病导因于胰岛素分泌异常。

丙、发现阿兹海默症患者的大脑胰岛素含量低。

丁、发现记忆力好坏与大脑胰岛素分泌多寡有关。

（A）甲→乙→丁

（B）甲→丁→丙

（C）乙→甲→丁

（D）乙→甲→丙

2. 在19世纪80年代中期以来的科学研究基础上，文末所述2002年关于糖尿病患者的研究报告，基于"大脑胰岛素的含量，其实也反映了身体其他部位的含量"，获得的结论（文末内_____）最可能是：

（A）糖尿病患者的症状，可以透过胰岛素注射获得改善。

（B）糖尿病患者的症状，无法透过胰岛素注射获得改善。

（C）糖尿病患者罹患阿兹海默症的概率，比一般人来得低。

（D）糖尿病患者罹患阿兹海默症的概率，比一般人来得高。

（台湾地区2009年大学学测试题）

参考答案

1. B

2. D

第21道美味大餐
环保类文章

"品尝"好文章

一、陈列《地上岁月》

土地一向是农人最根本的信靠，祖先留给他们的，他们据以耕植和养育子女，因此，一块土地的好坏端看它的酸碱程度与会否浸水而定。但由于时势的发展，有些人已变得只关心它是不是能盖房子，并且把他人和整个社会看成赚取的对象。当金钱成为最高目的时，耕作当然成了笑柄，诚实和辛勤不再是美德，生活当中的一些原应重视的价值弃置一旁，而贪婪的心则无限伸张。这些人表现于外的是全然的粗鄙：新建的楼房内外贴满磁砖、壁上挂的全是政界人士赠送的匾额，滥饮聚赌，耽溺于坐享其成。传统农村中温厚的长者远了，他们则俨然成了村子里的新兴士绅和道德裁判者。

这些事实在是很使人泄气的。但我也知道，我该深记且应频频回顾的，乃是更多的那些默默为自己和下一代努力不懈的人。人的存在若有任何价值的话，并不是因为他们活着，吃喝睡觉，而后死去，而在于他们的心中永远保有着一个道德地带。

◎ 这样读，好轻松

本文的主旨是透过今昔的土地变化及农村传统现象的改变，表达作者对现今社会价值观偏异的嗟叹。

我们可以用"摘要"及"结构分析"的策略来解读此文，以理清作者思路。文中陈列出今昔农村现象的差异及变化，整理如下表：

现象一	从前——土地的好坏端看它的酸碱程度与会否浸水而定
	现在——土地的好坏只看它是否能盖房子
现象二	从前——传统农村中尽是温厚的长者
	现在——取而代之的是新兴阶级的士绅

作者面对这样的困境内心其实很泄气，但是他不忘提出爬出谷底的方法：

我该深记且应频频回顾的，乃是更多的那些默默为自己和下一代努力不懈的人。人的存在若有任何价值的话，并不是因为他们活着，吃喝睡觉，而后死去，而在于他们的心中永远保有着一个道德地带。

这段文字是鼓励自己继续保有热情，也是文章最终想要揭示的主旨。

⊙ 思考

1.阅读完上文后，选出叙述正确的选项：

（A）以往农人在乎的是土地是否适合耕种，现在所有人则只关心土地酸碱程度与是否浸水。

（B）新建楼房内外贴满磁砖，壁上挂满民意代表赠送的匾额，是由于当前农村经济繁荣与文化水准的提升。

（C）传统农人保有诚实和辛勤的美德，现代农村有些人则显得贪婪粗鄙，滥饮聚赌，耽溺于坐享其成。

（D）作者认为，人的存在若有价值的话，不是因为他们的金钱、权势，而在于他们心中永远保有道德地带。

（E）本文反映了传统农村价值观的转变，由原来的诚实辛勤专心耕作，转变为维护正义，以期跻身新兴士绅。

（台湾地区2008年大学学测试题）

参考答案

1. CD

二、曾贵海《河流终将成为记忆》

台湾有许多河流深情地低吟新旧生命的更新与轮回，孕育高山与平原的历史、文化及各族群的光辉。

……如果没有了河流，人们仍然能活下去，但却会变得毫无情意。

台湾的河流在短短的三十年内，将面临长达亿年寿命的临终时刻，这是令人触目惊心的灾难，也是生存的孽缘。许多河流在不久的将来将无法回到大海的怀抱，成为断河。

现代人只要水不要河流，他们将不爱的留给河流抛给河川，然后以水利工程技术建堤防隔绝人河关系，建水坝和拦河堰截断河流回到大海老家的路，用越域引水抽干河水，满足人类需水的欲求，很少有人尽心尽力去整治复原河流，以免重蹈中东沙漠化的终极命运。

治疗和呵护重病的河川只有一条路，那就是河禁。

在十年至二十年内尽可能禁止人类进入河川，禁止任何侵犯河流的行为，建造卫生下水道，编组河川警察，建立控制污染的追查网路和人力系统，禁止私采沙石，广建湿地湖泊补注地下水，让河流休养生息恢复健康。

不然，河流终将成为台湾人的记忆、被遗忘的大地之歌。

◉ 思考

1. 依据引文，符合作者观点的选项是：

（A）河流虽被破坏，人们还是能继续生存，不会有丝毫改变。

（B）河流生命的迅速枯萎，起因于地层的自然变动。

（C）河流如被破坏，它所孕育的历史文化光辉，将面临终结。

（D）河流即使被拦腰截断，也不会影响它源远流长。

2. 依据引文，作者认为台湾河流面临的灾难是：

（A）因为气候暖化，将遭遇沙漠化。

（B）因为经常泛滥，隔绝了人河关系。

（C）因为现代人需水量大，河流将枯竭成为断河。

（D）因为现代人不要河流，河流的生态遭受破坏。

（台湾地区2011年大学学测试题）

参考答案

1. C

2. D

改写自森本哲郎《一个通商国家的兴亡》

以提洛为首的腓尼基人的城市，一直饱受亚述帝国的威胁。但因拥有充沛的财物，腓尼基人的城市才得以在亚述人的屡次席卷后幸存。自此，腓尼基人专注于交易买卖，他们的目标不是危机四伏的内陆，而是地中海，他们的贸易据点一个一个地出现在地中海沿岸。公元前814年，提洛的公主伊莉莎逃到北非建立迦太基王国，想必是认为：与其战战兢兢地留在危险区域，不如到一个不受侵扰的地方继续经营。毕竟对一个商业国家来说，能安心从事商业的环境才是最重要的。

希腊人与迦太基人一样很会做生意，但狭窄的希腊无法容纳因生活富裕而大增的人口，于是便展开殖民活动。地中海东边，有强大的亚述帝国挡道，只好转向与意大利半岛相邻的西西里岛。但在公元前7世纪希腊进出西西里岛东部之前，迦太基早已把该岛西部视为重要的贸易基地了。这两个民族在此鹬蚌相争，日后引来罗马这个渔翁。

　　希腊人在岛的东边不断扩增殖民城市，他们一旦落脚，除了做生意之外，也盖神殿、剧场、竞技场等，将希腊文化根植在那里。迦太基人在岛的西边也有几处地盘，但迦太基人不建设城市，因为他们厌烦占领之后的琐碎杂事，这些城市只是得到财富的据点，只要有进出船只的港口、修理船只的船坞、堆放商品的仓库就够了。因此希腊人不但认为迦太基人的城市无聊透顶，甚至形容他们是"为了搬运烧洗澡水的木柴而弄得灰头土脸，却始终没去洗澡的驴子"。

◎ **这样读，好轻松**

　　本文在讲述善于经商的两个民族迦太基人和希腊人，他们如何通过迁徙、移居、殖民以找到适合的商业活动空间。后来，这两个民族同时在西西里岛上活动，一个以东边为基地，一个在西边找据点，彼此有着不同的经营模式。藉由两相对照参看，以凸显出异样的民族性格。

在叙述迦太基人及希腊人的商业移动时，由于牵涉许多相关的地理位置，为避免阅读时的混淆，并能够理清彼此关联，参考所附地图是必须且重要的。

阅读时，最好能保持某些灵敏度，察觉哪些是关键句。关键句可以是结论，也可能是文中暗藏玄机，埋有伏笔之处。以本文为例，文章中的套色部分，便是阅读时可以关注的重点。

◉ 思考

1. 阅读之后，请你想一想以下的问题：

（1）希腊人和迦太基人这两个民族有何共同之处？

（2）对于一个商业国家而言，最重要的是什么？

（3）希腊人和迦太基都在西西里岛上殖民做生意，但这两个民族有何差异？

（4）文章中"这两个民族在此鹬蚌相争，日后引来罗马这个渔翁"。这句话的意思是什么？请稍加说明。

（5）"从文章中可判断出，迦太基这个民族饱经风霜，亚述、希腊、罗马都曾侵扰过他们。"以上这句话的叙述是否正确？请说明。

2. 依据上文，下列关于迦太基的叙述，正确的选项是：

（A）建国前饱受亚述帝国侵扰，建国后征服希腊与罗马。

（B）殖民策略舍弃当时惯用的武力侵略，改采文化收编。

（C）专注于海上贸易据点的扩张与运用，借以累积财富。

（D）发挥强大的商业实力，不断在地中海沿岸建设城市。

3. 依据上文，希腊人眼中的迦太基人是：

（A）赚取财富，却不懂得享受。

（B）被人卖了，还替人数钞票。

（C）贪婪奢侈，却对别人一毛不拔。

（D）寅吃卯粮，赚五毛钱花一块钱。

（台湾地区2014年大学学测试题）

参考答案

1.（1）一样很会做生意，都有殖民运动的迁徙，都在西西里岛上落脚经营。

（2）有可以安心经营的商业环境。

（3）他们对于新的殖民城市，在经营态度上大不相同。

（4）题目中的句子化用"鹬蚌相争，渔翁得利"这个句子，言下之意是说希腊人和迦太基人在西西里岛上竞争的结果，最后被入侵的罗马渔翁得利，进而遭到并吞。

（5）从文章中可判断亚述及罗马都曾侵扰过迦太基这个民族，但希腊则无从判断。

2. C

3. A

难点

第2题：此题中的(D)选项极具诱答性，很容易让人以为是正解，但仔细体会(D)的叙述有逻辑上的问题。文中迦太基人是因为要摆脱亚述帝国的威胁，才离开内陆到地中海沿岸经营贸易据点，专心做生意。但(D)的说法却是说迦太基因为商业实力强大，不断地扩展并建设地中海沿岸城市。

"**品** 尝"好文章

1.请阅读下文，选出适合作为标题的选项：

宜兰县乡贤举人黄缵绪的老家，那传统的三合院建筑，在经济挂帅的压力下，一瞬间，化为丑陋的建筑工地。被怪手铲除掉的，不只是传统的建筑文化，更是一段宜兰人骄傲的开垦历史。

宜兰旧城有条优美的护城河，曾经悠悠地流过宜兰人的心中，丰富了宜兰人的乡愁记忆。河中摇曳的水草、岸边的垂柳，曾经是宜兰人生活中的一部分。如今，站在已掩盖的原址，过去护城河流经的地方，只见车来车往，一片匆忙。失去河流滋润的城市，就像干枯的苹果，怎会美丽得起来！

（A）除旧与布新　　（B）被抹去的记忆

（C）消失的宜兰城　　（D）宜兰旧城风物考

（E）优美的传统建筑文化

（台湾地区2003年大学学测试题）

⊙ 这样读，好轻松

进行阅读理解时有个重要的前提："有多少证据，讲多少话。"也就是说文本提供的材料有多少，我们能提取的资讯便有多少。你可以有自己对于文章的"假设与推论"，但不是"过度联想"。以上述节选文章为例，它只有两小段，首段讲述宜兰举人的古宅在时代革新下被铲除了，消失的不只是建筑，还有宜兰的开垦历史。第二段则是叙述宜兰古城旧有的护城河，如今已成了水泥掩盖的土地，失去河流滋润的城市，难以美丽。从以上的资讯中，我们来审视考题，（D）选项"宜兰旧城风物考"看起来"好像"也可以。但是，细究之下，"风物考"是指风俗文物的考证探究，文章中并未详述到这个部分。而（E）选项"优美的传统建筑文化"呢？在文章中也只是稍微提及举人老家为传统建筑，尚未达到"建筑文化"的层次。

2. 阅读下文，推断作者认为进行历史研究时，对"研究结果"最具关键影响力的选项是：

我的研究方法，总是在一个固定的时点上切一横断面，在下一个时点上再切一个横断面，然后比较这两个横断面相异之处，再在其中寻求变动的主因及变化的现象。因此我这工作最重要的是选时点，而选时点则往往取决于个人的主观意识，甚至带有冒险性的意味，有时也可能因为原选的横切面不恰当而导致观察错误。因此，历史研究的主观性使历史学无法成为精密的科学。

（许倬云《中国古代文化的特质》）

（A）历史事件发生的时间　　（B）研究者的选择与判断

（C）一套精密的科学方法　　（D）冒险搜集材料的勇气

（台湾地区2008年大学学测试题）

◉ 这样读，好轻松

　　本文相较于上一篇以记叙为主的文章而言，着重于个人理念及观点的阐释。因此，论说意味较为浓厚，需要进行思考与分析。读完文章后，有几个值得思辨的问题可以想一想。其一：作者的研究过程中最重要的是什么？其二：为什么作者说他的研究会带有冒险的意味？其三：作者以为"历史学无法成为精密的科学"的主要原因是什么？当这些自我询问的问题获得理解之后，我们便可以概要抓出本文的主旨是：因为研究者的主观选择及决定，对于研究结果会产生不同的影响。

3.阅读下文，选出叙述正确的选项：

《宣和遗事》一书把许多零散的水浒故事编缀起来，成为《水浒传》的雏形。所谓水浒故事，大致有两个主要的内容，一是行侠仗义，济困扶危的故事；二是上山落草，反抗官府的故事。这些故事并非产生于同一时间，而是宋代、元代、明代都有。说书人把这些故事都编织到北宋宣和年间去，所以北宋的史书上就查不到有关史料。

（改写自史式《我是宋朝人》）

（A）水浒故事可弥补北宋史书中缺少的史料。

（B）《宣和遗事》是以《水浒传》为底本缀辑成书的。

（C）《水浒传》的素材是由不同时代的说书人汇集而成的。

（D）《宣和遗事》记录北宋至明代许多侠义人物反抗官府的史事。

（台湾地区2010年大学学测试题）

⦿ 这样读，好轻松

此文阅读时看来简单，但是，做题目时，答案并不容易立刻出现。主要原因是：文章较为简短，但表达的讯息不少，中间有些叙述或许被省略，容易造成理解上的猜测。解读之前必须先整理文章中的资讯：

①《宣和遗事》一书成书时间早于《水浒传》，"宣和"是宋徽宗的年号，这层认知可以让你自动删除掉（D）选项。

②"水浒故事"主要有两种内容。

③"水浒故事"其实早在宋代已开始出现，在《水浒传》成书之前，已经有许多相关的民间传说、戏曲故事在搬演这类型素材，经过不同时期（宋、元、明）的敷演，最后我们看到的便是章回小说《水浒传》的出现。

④"水浒故事"既然是经过不同朝代的累积，所以它不会产生于同一时间。只是说书人在说演故事时都说成是北宋徽宗年间发生的事，因此若要进行历史考证时，自然无法在北宋的史书上看到相关记载了。

　　阅读进行时，可以尝试将大脑所理解出来的资讯以条列方式整并如上，如此一来，容易让你快速进入文章的主轴核心之中。

参考答案

　　1. BC

　　2. B

　　3. C

黄仁宇《万历十五年·海瑞——古怪的模范官僚》

嘉靖皇帝读罢奏疏，其震怒的情状自然可想而知。传说他当时把奏折往地上一摔，嘴里喊叫："抓住这个人，不要让他跑了！"旁边的宦官为了平息皇帝的怒气，就不慌不忙地跪奏："万岁不必动怒。这个人向来就有痴名，听说他已自知必死无疑，所以他在递上奏本以前就买好一口棺材，召集家人诀别，仆从已经吓得通通逃散。这个人是不会逃跑的。"嘉靖听完，长叹一声，又从地上捡起奏本一读再读。

嘉靖没有给予海瑞任何惩罚，但是把奏章留中不发。他不能忘记这一奏疏，其中有那么多的事实无可回避，可是就从来没有人敢在他面前哪怕是提到其中的一丁点！皇帝的情绪显得很矛盾，他有时把海瑞比作古代的忠臣比干，有时又痛骂他为"那个痛骂我的畜物"。有时他责打宫女，宫女就会在背后偷偷地说："他自己给海瑞骂了，就找咱们出气！"

⊙ 这样读，好轻松

此文属于节选性质。故事内容主要是说明代著名"谏臣"海瑞和嘉靖皇帝之间的君臣过招点滴。海瑞是个刚正且愿意为公众牺牲的父母官，照理说应该广受欢迎才是。可是他过分遵守法律条文并且确切执行，这样的作为终究无法被全体官员或百姓所接纳，也难免招致诽谤，这就是所谓"水至清则无鱼，人至察则无徒"。而他某次上呈给嘉靖皇帝的奏疏中，直指嘉靖是个虚荣、残忍、自私、多疑且愚蠢的君主，这样的奏章是史无前例。因为，一般臣子通常会针对国家政策提出批评，这种涉及君王个人性格的谏言，甚为少见。想当然耳，皇帝气坏了，即使嘉靖知道海瑞的本意不是坏的。但，人之常情，嘉靖还是产生了上述文章中气急败坏的反应。

⊙ 思考

1. 文章中何处的文字叙述让你看得出来嘉靖皇帝其实明了海瑞的真正用意呢？

2. 皇帝为什么要将海瑞的奏章留着呢？

3. 皇帝认为海瑞奏章的叙述是贴近事实，还是夸张渲染？你从文章中的何处判断呢？

4. 上述文章提及："皇帝的情绪显得很矛盾。"请问皇帝的矛盾之处是什么？

5. 阅读完上文后，选出叙述正确的选项：

（A）海瑞上奏疏前，群臣进言，大多回避事实，多所顾忌。

（B）海瑞上给嘉靖皇帝的奏疏言人所未敢言，却直指事实。

（C）摔奏折、捡奏折再三重读的动作，刻画嘉靖皇帝亟欲从奏疏中一一找出海瑞罪状的愤恨心理。

（D）从嘉靖皇帝有时把海瑞比作忠臣比干，有时又痛骂他为"畜物"，可知海瑞表里不一，行事反复。

（E）从宫女背地里说皇帝："他自己给海瑞骂了，就找咱们出气！"可知嘉靖皇帝对海瑞的指陈感到又羞又恼。

（台湾地区2010年大学指考试题）

参考答案

1. "嘉靖听完，长叹一声，又从地上捡起奏本一读再读。嘉靖没有给予海瑞任何惩罚。"从嘉靖愿意一再翻读海瑞的奏章，且没有给予海瑞处罚，可知情感上，皇帝固然气愤；事理上，海瑞所言是为国家社稷着想。

2. 因为奏章所叙述的内容有许多是事实的呈现，皇帝或许想一看再看；此外，皇帝也有可能还在设想该如何回复。

3. 贴近事实。因为文章中说：其中有那么多的事实无可回避，可是就从来没有人敢在皇帝面前哪怕是提到其中的一丁点。

4. 皇帝的矛盾之处是他对于海瑞奏章及建言的情绪反应。他有时把海瑞比作古代的忠臣比干，有时又痛骂他为"那个痛骂我的畜物"。对于海瑞其人与其言，皇帝真是又爱又恨。

5. ABE

难点

第5题：以上选项的叙述中，我们发现（A）、（B）是属于直接从文章中可以提取到讯息的，而（C）、（D）、（E）则是阅读之后，再从前后文意进行推论而得知的。（C）选项"摔奏折、捡奏折再三重读的动作"这一段文字，虽然无法明确推断嘉靖皇帝的真正心理，但从上下文意判读，他没有将海瑞治罪，也不断翻读海瑞奏章，应该不是要找出海瑞的罪状。

再者，（D）选项"从嘉靖皇帝有时把海瑞比作忠臣比干，有时又痛骂他为'畜物'，可知海瑞表里不一，行事反复"这段文字应当是判断嘉靖对海瑞的矛盾情绪而无法证明海瑞是否表里不一。因此，这个选项是可以轻易删除的。

第25道美味大餐
思辨类文章（上）

日常生活中我们不停思考，思考之后会进行分析、判断并加以鉴赏评价，这大略就是我们一般所谓的"思辨"过程。除了实际生活体验所带来的思辨之外，阅读也是进行思辨训练的途径之一，藉由不同面向文章的阅读进而带来视野的扩充与思想的撞击。思辨型的文章往往跳脱情感式抒发的书写模式，多是透过观点、概念的陈述与辩证以呈现作者的写作意图。

 "品尝"好文章

姚一苇《艺术的奥秘》

当艺术即表现时，吾人所能思考的只有表现了什么和如何表现，表现了什么不能脱离如何表现而存在，如何表现亦不能脱离表现了什么而存在；表现了什么是表现的内容，如何表现是表现的形式，是一个问题的两面，严密相关而形成艺术品整体的和谐。当吾人思考表现了什么时无可避免地要涉及艺术美的以外的因素，包括伦理的、哲学的、社会的种种问题，当吾人思及如何表现时则必然要思及艺术美本身的因素，两者之间完全不能加以割裂。

◉ 这样读，好轻松

　　本篇节选短文所讲述的是关于"艺术"呈现时的理论问题。它的主旨是说明任何艺术的呈现，最基本的问题不外乎是"表现了什么"及"如何表现"这两个面向。由于作者以说理的方式进行论述，下面就以实际事例来说明作者的想法。极为热门的卖座电影《赛德克巴莱》，它透过"电影"的形式（如何表现），希望藉由历史佐证及平衡观点的方式，呈现日治时期，因日本人压迫性的治理而引发雾社事件的始末经过（表现什么）。形式与内容是一体之两面，它们关系紧密，共同创造出艺术品的整体合谐。

　　我们尝试以表格的方式来梳理整篇文章的含义及层次。

艺术的两大面向	实际意义	属　性
表现了什么	属于内容部分	What
如何表现	属于表现的形式	How

◉ 思考

1.阅读完上文后，选出最符合全文主旨的选项：

（A）从事艺术创作，需要缜密的思维。

（B）好的艺术品，讲求形式与内容的和谐。

（C）艺术品必须反映伦理、哲学、社会的种种问题，才有价值。

（D）艺术鉴赏方法虽多，但总以表现了什么为主，如何表现次之。

（台湾地区2009年大学学测试题）

参考答案

1.B

难点

第1题：（A）选项在文中并未见作者提及此概念。（C）选项的叙述曲解了作者的原意，作者是说任何是艺术品的"表现内容"免不了会与社会、伦理等这些艺术本身以外的议题有所关联，而非艺术品必须反映伦理、哲学、社会的种种问题。（D）选项"表现了什么"及"表现内容"两个命题都不属于艺术鉴赏的方法。

第26道美味大餐
思辨类文章（中）

阅读
不偏食

朱光潜《谈十字街头》

一种社会所最可怕的不是民众肤浅顽劣，因为民众通常都是肤浅顽劣的。它最可怕的是没有在肤浅卑劣的环境中而能不肤浅卑劣的人。比方，英国民众就是很沉滞顽劣的，然而在这种沉滞顽劣的社会中，偶尔跳出一两个个性坚强的人，如雪莱、卡莱尔、罗素等，其特立独行的胆与识，却非其他民族所可多得。这是英国人力量所在的地方。路易·狄更斯批评日本，说她是一个没有柏拉图和亚里士多德的希腊，所以不能造伟大的境界。据生物学家说，物竞天择的结果不能产生新种，产生新种，须经突变。所谓突变，是指不像同种的新裔。社会也是如此，它能否生长滋大，就看它有无突变式的分子；换句话说，就看十字街头的矮人群中有没有几个大汉。

◉ 这样读，好轻松

本篇文章是节选自朱光潜作品《给青年的十二封信》

第三章 怎样阅读现代文

145

的其中一篇。文章主要内容是说明学术知识"从俗化"的现象。全文先指出从前士大夫喜好以清高为尚，所以力求与尘世隔绝，闭户读书，难免有远离社会的疏离之嫌。现在，则力倡与现实结合，这就是所谓的从"象牙塔走向十字街头"。

但是，作者又提醒人们不要忘记十字街头的另一面："十字街头的空气中究竟含有许多腐败剂，学术思想出了象牙之塔到了十字街头以后，一般化的结果常常不免流于俗化。"此时，秉性坚强，特立独行分子的出现对于一个社会而言，便显得重要而具意义。

⊙ 思考

1. 作者在另外的文章中曾说："从历史看社会进化，都是靠着几个站在十字街头而能向十字街头宣战的人，这等人的报酬不是十字架就是断头台。"请问上述句中的"这等人的报酬不是十字架就是断头台"是什么意思？

2. 作者在文章中如何比较英国与日本这两个国家？它们有何差异？

3. 请问就文中所言，作者认为"突变"对于一个社会有何意义？

4. 就文章所言："矮人类"与"大汉"何者是属于"突变"的族裔？

5. 请问就上述文章所言，雪莱、卡莱尔、罗素、柏拉图和亚里士多德他们是属于同一个概念的族群吗？他们属于"矮人类"还是"大汉"呢？

6. 关于下列文字，叙述不正确的选项是：

（A）作者认为一个社会能否向上提升，在于这个社会有没有卓越的大人格。

（B）"矮人群"一词喻肤浅卑劣之民众；"大汉"一词喻特立独行有胆有识之人。

（C）从文中的观点来看，可知日本优于英国，因为她虽没有柏拉图和亚里士多德，可是民众并不肤浅卑劣。

（D）"在肤浅卑劣的环境中而能不肤浅卑劣的人"，这种人近于顾炎武《廉耻》所谓：彼众昏之日而独醒之人。

（台湾地区2007年大学指考试题）

参考答案

1. 此言是说那些勇于在从俗的社会里与大家想法南辕北辙的"勇士"，他们的下场往往不太好。

2. 英国的社会固然沉滞顽劣，但偶有跳出一两个个性坚强的人，如雪莱、卡莱尔、罗素等，使社会有了不一样的氛围与空气。而日本则是缺少像这样的大汉，无法创造伟大的境界。

3. 因为就生物学而言，"突变"才能产生新的族裔或种类，一个社会也需要有些突变的族群，才能为社会注入新血液及新风气。

4. 大汉。

5. 他们都是作者认为的社会中具有胆识又富创新的族裔。依据特质而言，他们应该都属于大汉。

6. C

第27道美味大餐
思辨类文章（下）

"品" 尝" 好文章

吕大明《精神与物质》

许多作家我们都先读他的作品，再读他的小传，梭罗《湖滨散记》那种隽永、抒情的优美文体给我极深的印象，从自然观察的细微抒发为文。他居住在瓦尔登湖畔小屋中，过着耕读的生活，小木屋是他自己造的，用泥粉涂抹室内，还造了壁炉以备严冬时取暖，他种地，出售自己收成的豆子、玉米、番茄，维持最基本的物质生活，以达成追求精神生活的愿望，梭罗极反对人为物质金钱所桎梏。

罗马诗人荷瑞斯表示他最后所希望的生活是有足够的书籍与食物以维持自己不陷入精神与物质的贫乏。人不能为金钱所腐化，成为物质的奴役，但像文学天才爱伦·坡、夏特顿连温饱都没有，尤其是少年天才夏特顿不幸在贫病中自杀，如果天假以年，以他十七岁就能写出最严谨的《仿古诗》的才华，必能将文学这片园地耕耘成繁花之园，贫病为天才敲起丧钟，当人们追悼这位早逝的天才，挽歌的声调中含有无比的惋惜。

美国当年在新大陆开创天地，脱离君主政治的约束，并不意味绝对的自由，如果人面对生活绝境，经济上燃眉之急，一家人没有温饱，那是另一种生的桎梏，谈不上尊严自由。英国诗人华兹华斯得享天年，创作源源不断，逍遥湖上，靠友人的赠款与政府印花税的收入得以维持生活的尊严，终于被戴上英国诗人的桂冠，在夏特顿与华兹华斯之间，后者更令人羡慕。

莎士比亚说："富有升平喂养懦夫，坚苦是意志之母。"但生为现代人既不能浑浑噩噩，沦为物质的奴仆，也不能为了理想不顾生计，如何选择一个精神与物质都不贫乏的局面，不求锦衣玉食，但能有栖身之所，维持生计，进一步追求精神的富足，这样的社会才能达到安居乐业的尺度。

◉ 这样读，好轻松

这篇文章主要说明许多作家在追求创作的极大值时，常常希望精神获得绝对的丰富。但是，追求丰富的精神生活，是否意味着全然拒绝物质需求呢？而精神与物质是否必然是一种

"零和关系①"呢？

作者举证许多实例以说明缺乏基本物质的撑持，创作者是无法真正获得超然的独立以追求精神生活的。因此，达到一个精神与物质都不贫乏的局面，才能获得真正的快乐与丰厚。

作者写作此文时采用"夹叙夹议"的方式，记叙不同创作者的故事时，会稍加以评论。全文举例许多创作者如何在精神与物质的摆荡中伸缩拿捏。透过不同作家的选择，我们得以明了对精神与物质孰重孰轻的掌握，会产生哪些不同的结果。

在精神与物质中取得平衡者：

创作者	精神与物质的选择	结局
梭罗	自行建造屋舍，自行耕作劳动以维持最基本的物质需求	创作《湖滨散记》
罗马诗人荷瑞斯	有足够的书籍与食物以维持自己不陷入精神与物质的贫乏	创作脍炙人口的诗
英国诗人华兹华斯	创作源源不断，经济上靠友人的赠款与政府印花税的收入得以维持生活的尊严	终于被戴上英国诗人的桂冠

在精神与物质中有抉择者：

创作者	精神与物质的情况
美国爱伦·坡	长期陷于经济不顺遂的困难之中，后于四十岁不明原因过世
英国夏特顿	他将自己的诗作《仿古诗》伪称是古代诗人的遗著，受到文坛攻击，十八岁时贫病服药自杀

---

① 零和关系：指双方你死我活的绝对对立。

◉ 思考

1. 文中引用莎士比亚的话说："富有升平喂养懦夫，坚苦是意志之母。"是指物质过于丰富，容易使人怠惰，无法激励人的意志。请你找出两则与它概念相近似的文句。

2.《论语·里仁》篇有句话这样说道："士志于道，而耻恶衣恶食者，不足与议也。"请尝试翻译它的意思。这句话对于"道德精神"与"物质需求"的追求，是怎么样的看法呢？

3. 请问本文作者是否有对于追求"精神"与"物质"的顺序提出看法？他认为应当先物质后精神，抑或是先精神后物质呢？又，你从何处找出验证的呢？

4. 依据上文，符合作者观点的选项是：

（A）强调有志于道而不耻恶衣恶食，才是真自由。

（B）认同梭罗、华兹华斯之先得温饱再从事创作。

（C）对荷瑞斯的看法、莎士比亚的名言均不以为然。

（D）推崇爱伦·坡、夏特顿于贫困中不改其乐的精神。

5. 下列叙述，最能总括全文意旨的选项是：

（A）贫困可以淬炼人的意志，进而充实作品的内涵。

（B）安稳的物质生活与富足的精神生活，应兼顾并重。

（C）宁可物质生活匮乏，也不能放弃精神生活的追求。

（D）生计问题容易解决，改善精神生活则有赖长期努力。

（台湾地区2010年大学学测试题）

参考答案

1. "静海造不出好水手"、"没有险峻的礁岩，激不起美丽的浪花"、"生于忧患，死于安乐"。

2. ①翻译：有德之士，若立志于追求圣人之道，却以饮食穿着不好为耻辱，这样的人是不值得与他谈论道的。

②含义：这句话是强调士人对于圣人之道的追求应该高于物质生活的需求，并非是说完全忽视物质的基本需求。

3. 有。作者认为先物质不贫乏再追求精神。文中的一段话说明了这样的概念"如何选择一个精神与物质都不贫乏的局面，不求锦衣玉食，但能有栖身之所，维持生计，进一步追求精神的富足，这样的社会才能达到安居乐业的尺度"。

4. B

5. B

第三章 怎样阅读现代文

153

夏志清《文学革命》

在胡适以前，白话文、新文言体和汉字拉丁化的运用，主要是为了适应政治上和教育上的需要而已。早期的社会改革者在提倡白话文的时候，从未想到要涉及文学的范畴中去，连白话小说的作者自己，亦从不把自己的作品看作中国的正统文学①。因此，胡适在白话文运动的贡献是非常显著的：他不但认识到白话文的教育价值，而且还是第一个肯定白话文尊严和它的文学价值的人②。在他看来，中国文学能有今天的成就，乃是因为在其发展过程中，不断有通俗的作品以非正统文学的姿态出现的缘故。关于这一点，他在《新青年》早期的文章里、在《白话文学史》上卷中，一再从中国诗歌、戏剧和小说的发展史中引用例子来证明③。依此看来，当时倡导白话文学，不但不会与中国文学的传统脱节，而且还是保证这传统继续发展下去的唯一可靠办法④。

◉ 这样读，好轻松

此文大意在说明白话文在中国文学发展史上的意义与价值。它从原本仅是政治上和教育上的需要，蜕变成具有文学价值的存在，这样的转变必须归功于胡适的提倡与开拓。

本文属于节选性质的文章，完全没有分段，但是我们可以依据文意的发展，尝试将文章分成四个转折层次，如上文中①②③④的标注。这四个小段落也就是全文重要主旨之所在，我们以图表结构分析如下表：

第一层	胡适之前，白话文的使用是政治和教育上的需要，从未想到文学的范畴。即使是白话小说的作者自己也不会将白话文视为中国传统文学的一支。
第二层	胡适是第一个肯定白话文尊严和它的文学价值的人。
第三层	胡适以为：中国文学今日的成就是在其发展过程中，不断有通俗的作品以非正统文学的姿态出现的缘故，而这些在诗歌、戏剧和小说的发展史中，最为常见。
第四层	结论：推展白话文学是保证中国文学传统得以继续发展的重要路径。

◉ 思考

1. 胡适说："中国文学今日的成就是在其发展过程中，不断有通俗的作品以非正统文学的姿态出现的缘故，而这些在诗歌、戏剧和小说的发展史中，最为常见。"上述这段话中，胡适为何特意就"诗歌、戏剧和小说"这几种类别来说明呢？

2. 就上述文章中所言，胡适在白话文运动的过程中有哪些贡献？

3. 关于下列文字，叙述正确的选项是：

（A）在胡适的观念里，非正统文学是丰富中国文学的重要成分，是成就中国文学的重要力量。

（B）有人以为胡适是第一个提倡白话文的人，实不正确；但他的确是第一个肯定白话文的文学价值的人。

（C）"不把自己的作品看作中国的正统文学"，可见白话小说的作者普遍有求变求新的精神，要在正统文学之外，自创新局。

（D）所谓"主要是为了适应政治上和教育上的需要"，意指白话文、新文言体和汉字拉丁化，都更便于吸收新知、传布新知，有助于当时中国政治与教育的改革。

（E）本文主旨在于强调当时倡导白话文学是正确的，并凸显胡适对"文学革命"的重大贡献。

参考答案

1. 在诗歌、戏剧和小说这些类型作品中，所使用的语言或运用的故事素材与生活关联较多。因此，口语化的、庶民性的语言文字容易出现。这些通俗性、非正统性的作品滋养并丰富了传统文学的领域及内涵。

2. 胡适认识到白话文的教育价值，而且肯定白话文尊严和它的文学价值。

3. ABDE

难点

第3题：上述题目中选项（A）、（E）都是直接从文章中可以提取的正确讯息，而（B）、（D）则是阅读后进行"解释历程"即从文章概念间进行整合讯息、诠释概念、推论后设等过程所获得的解答。

如（B）选项说："有人以为胡适是第一个提倡白话文的人，实不正确"这句叙述是正确的，原因是文中提及"在胡适以前的白话小说的作者自己，亦从不把自己的作品看作中国的正统文学"，我们根据此加以判断，在胡适之前已经有人从事白话文学的创作了。再如，（D）选项属于推论式的理解，它的叙述符合题干的精神与主旨。

第29道美味大餐
文学理论类文章（下）

"品"尝"好文章

一、痖弦《极短篇美学》

写过极短篇的人都知道它易写难工，长久以来，这也成为此一写作体裁的瓶颈。一般人认为叙述一则故事、制造一个意外的结局，便是极短篇的典型样貌，却不知真正的极短篇乃是以最经济的笔法，把动作、人物与环境呈现在单一的叙述过程中，这是一个高难度的写作形式，也是一种讲求语言容量的艺术，即使是对具有专业素养的作家来说都是一种挑战。要做到尺幅千里、须弥芥子，在有限中包含无限，的确不容易。……金圣叹所说的"一笔作百十来笔用"，正可以作为极短篇美学的圭臬。

◎ 这样读，好轻松

上则短文主要是在说明极短篇写作的精髓所在。极短篇的好看之处在于它于简省的篇幅之中，展现出极大的张力效果，让读者眼前为之一亮，心为之叹绝。我们尝试梳理摘要出上述文章的重点与思维脉络：

① 极短篇的写作是易写难工即容易写却不易写好。

② 极短篇的内涵是以最经济的笔法，把动作、人物与环境呈现在单一的叙述过程中。

③ 极短篇是讲求语言容量的艺术即语言文字如何经济简省且具有庞大的效益。

④ 极短篇的特色：尺幅千里、须弥芥子、在有限中包含无限、一笔作百十来笔用。

◉ 思考

1.本文认为"极短篇"最重要的特色是：

（A）使有限篇幅蕴含无限主旨。

（B）笔法极经济而叙事极繁复。

（C）讲究语言精练和刻画细腻。

（D）为故事塑造个意外的结局。

2.依据文意，下列叙述何者正确？

（A）"尺幅千里"指以大见小。

（B）"须弥芥子"指以小见大。

（C）"一笔作百十来笔用"是说文体多样。

（D）"美学圭臬"是说文学和艺术的标准。

（台湾地区2011年大学学测试题）

参考答案

1. A

2. B或D

难点

第2题：（A）"尺幅千里"指篇幅虽短而内容丰富，（C）"一笔作百十来笔用"是说用笔经济，一句话可以涵盖许多意义。

二、改写自张秀亚《作品与时代》代序

"文学作品是不能离开现实的，古今中外优秀的文学作品，莫不含有一种现实的因素。如果我们自承是时代的儿女，便应勇敢地接受他给予我们的使命，记录这时代的动态，使文学作品在艺术的价值之外，更富有历史意义、时代精神。"

⊙ 这样读，好轻松

上述短文意在说明优秀的文学作品应当具有时代性，并与现实结合，反映当时的社会样貌与精神。而这也是文学作品除了艺术价值之外，还富有历史价值的原因。

⊙ 思考

1. 下列文字符合上文作者所说"富有历史意义、时代精神"的选项是：

（A）战争坐在此哭谁／它的笑声　曾使七万个灵魂陷落在比睡眠还深的地带

（B）梅雪都回到冬天去了／千山外，一轮斜月孤明／谁是相识而犹未诞生的那再来的人呢？

（C）你的泪，化作潮声。你把我化入你的泪中／波浪中，你的眼眸跳动着我的青春，我的暮年

（D）宣统那年的风吹着／吹着那串红玉米／……好像整个北方／整个北方的忧郁／都挂在那儿

（E）就让那婴儿　像流星那么／胎殒罢　别惦着姓氏与乎存嗣／反正　大荒年以后　还要谈战争／

我不如仍去当佣兵（我不如仍去当佣兵）／我曾夫过父过　也几乎走到过（出自郑愁予的《旅程》）

（台湾地区2009年大学指考试题）

参考答案

1. ADE

难点

第1题：从（A）、（D）、（E）三个选项可以闻嗅出时代性及当时大略的社会景况，是属于太平盛世抑或是颠沛流离，而（B）、（C）两选项则无法区别其间所产生的时代意义，似乎任何朝代都可能有这样的作品产生，故不选择（B）、（C）这两个答案。

第30道美味大餐
哲学类文章

"品尝"好文章

一、李泽厚《美的历程》

生命无常、人生易老本是古往今来一个普遍的命题，魏晋诗篇中这一永恒命题的咏叹之所以具有如此感人的审美魅力而被千古传诵，也是与这种思绪感情中所包含的具体时代内容不可分的。从黄巾起义前后起，整个社会日渐动荡，接着便是战祸不已，疾疫流行，死亡枕藉，连大批的上层贵族也在所难免。"徐、陈、应、刘①，一时俱逝"，荣华富贵，顷刻丧落……既然如此，而上述既定的传统、事物、功业、学问、信仰又并不怎么可信可靠，大都是从外面强加给人们的，那么个人存的意义和价值就突现出来了，如何有意义地自觉地充分把握住这短促而多苦难的人生，使之更为丰富满足，便突现出

---

① 徐、陈、应、刘：分别是指徐干、陈琳、应玚、刘桢等人，均为"建安七子"的成员。

来了。它实质上标志着一种人的觉醒，即在怀疑和否定旧有传统标准和信仰价值的条件下，人对自己生命、意义、命运的重新发现、思索、把握和追求。

◉ 这样读，好轻松

学习的进行过程通常是需要具有部分先备的知识基础，以这个基础为出发，再对外在事物进行"理解"、"分析"与"综合应用"，而这样的历程也可以用来说明阅读的进行过程。以上述文章为例，提及"魏晋南北朝"、"建安七子"来作为论述时的例证，虽然并未针对这两个名词多做解释，可是我们脑海里立刻闪过的知识影像是"魏晋南北朝是个动荡不安、战祸频频的时代"，而"建安七子中的几人是死于一场大疾疫之中"，这样的先备知识可以协助我们理解这篇文章的主旨及意义。

阅读完上述文章后，我们发现作者主要想传达的是在面对生命的无常、旧有价值观遭遇崩散之际，人们会做什么决定？此时思考探索个人生命的真正意义与价值的行为做法便出现了。我们尝试理解全文之后，将作者的想法梳理摘要如下：

① 魏晋诗篇中最常出现的命题"生命无常、人生易老"，它之所以具有感人的魅力，是与它的具体时代内容有所关联的也就是说魏晋动荡的社会让人感受生命无常、倏忽即逝，既然一切不可知、无法测，那么转而追求人的内在并活在当下便成了当时流行的生活形态。

② 东汉末年以来，社会动荡，战祸不已，疾疫流行，死亡枕藉，连上阶层的贵族也逃不过这样的灾祸，于是战争灾祸、生命倏忽成了这个时代的人的共同感受，就连建安七子也遭受疫疾而亡。

③ 既定的传统、事物、功业、学问、信仰等外在事物并不能保证人能远离无常与死亡的进逼，王公贵族或乞丐小儿，生命无常的概率是相近的，于是人们开始探索人的内在意义及价值。

④ 人到底要如何有意义地、自觉地充分把握住这短促而多苦难的人生，让它更为丰富满足呢？这便是魏晋时期社会上普遍存在的一种认知与追求趋向。

◉ 思考

1. 作者引用曹丕《与吴质书》中的一句话："徐、陈、应、刘，一时俱逝"，他的用意是什么？

2. 请你从文章中找出作者对于"人的觉醒"的定义是什么？

3. 阅读完上述文章后，请选出叙述正确的选项：

（A）生命无常、人生易老的命题，于魏晋诗篇中首开其端。

（B）魏晋诗人处于战祸不已、疫疾流行的年代，更能感受生命的短暂与脆弱。

（C）魏晋诗篇的美感魅力，在于即使自知生命微渺，仍积极寻求生命丰富满足之道。

（D）由于无法再以外在的功名事业来肯定自己，致使魏晋诗人进一步探索个人存在的意义。

（E）既定的传统和信仰全被否定，新的存在价值又尚未建立，遂使魏晋诗人流于荒诞颓废。

（台湾地区2010年大学学测试题）

参考答案

1. 徐干、陈琳、应场、刘桢等人是建安七子中的成员，竟也在一场疫疾中死亡，让人意识到生死的匆促及无情是不拣择任何对象的。作者举证此例来说明生命无常是普遍的现象。

2. 人们怀疑和否定旧有的传统标准和信仰价值，并重新开始对自己生命、意义、命运的发现、思索、把握和追求。

3. BCD

我在台湾教语文：阅读不偏食

二、胡适《人生有何意义》

人生的意义全是各人自己寻出来、造出来的：高尚、卑劣、清贵、污浊、有用、无用……全靠自己的作为。生命本身不过是一件生物学的事实，有什么意义可说？生一个人与一只猫，一只狗，有什么分别？人生的意义不在于何以有生，而在于自己怎样生活。你若情愿把这六尺之躯葬送在白昼做梦之上，那这就是你这一生的意义。你若发愤振作起来，决心去寻求生命的意义，去创造自己生命的意义，那么，你活一日便有一日的意义，做一事便添一事的意义，生命无穷，生命的意义便也无穷了。

⊙ 这样读，好轻松

阅读完上述文章后，我们尝试摘要梳理作者的意念及想法：

① 人生的意义全是各人自己创造出来的。你要高尚、清贵、有用、无用的生命，都取决于自己的作为。

② 生命本身不过是一件生物学的事实，生一个人与一只猫，一只狗，并无分别。人生的意义不在于何以有生，而在于自己怎样生活。

◉ 思考

1.阅读上文后，选出正确的选项：

（A）作者主张众生平等，人和猫狗没有分别

（B）作者认为"白昼做梦"也是生命的意义

（C）"自己怎样生活"是人生有无意义的关键

（D）"生命无穷"是指人生会有许多意外的遭遇

（E）作者劝人创造自己生命的意义，无论是卑劣或污浊

（台湾地区2011年大学学测试题）

参考答案

1.C